浙江省国家级非物质文化遗产

昆曲

代表性传承人口述史丛书

《林媚媚》卷

蒋羽乾 编著

主编

浙江摄影出版社
全国百佳图书出版单位

扫码观看“国家级非物质文化遗产代表性传承人——林媚媚”综述片

序 言

国家级非物质文化遗产代表性传承人抢救性记录是新时期非物质文化遗产保护的一项重要工作。自2015年起，国家级非物质文化遗产代表性传承人抢救性记录工程全面启动，针对非物质文化遗产代表性传承人，采用数字化多媒体等现代信息技术手段，进行人物访谈、传承实践、带徒教学的全方位记录，并对已有文献资料进行搜集，建立传承人专项数据库，将记录成果编纂成书。

国家级非物质文化遗产代表性传承人掌握着丰富的知识与精湛的技艺，是历史文化的重要承载者和传递者。代表性传承人所承载的精湛技艺、实践经验、文化记忆和传承能力，是非物质文化遗产传承发展的核心内容与动力来源。由于代表性传承人在非物质文化遗产传承中的核心作用与不可替代性，加之国家级代表性传承人普遍年事已高，对他们及其技艺的记录任务尤为紧迫。全面、真实、系统地记录国家级非物质文化遗产代表性传承人掌握的知识和技艺，不仅可保留中华优秀传统文化基因，也为后人研究、宣传、利用非物质文化遗产留下宝贵资料，对传承和弘扬传统文化、构建中华民族优秀传统文化传承体系具有重要意义，这是一项与时间赛跑的工作。

将抢救性记录中的口述访谈内容梳理转化成口述史，这是一项极为繁重的工作，不仅要保留口述真实的特点，还要强调语言文字的严谨。该套丛书是浙江在开展国家级非物质文化遗产代表性传承人抢救性记录工作的基础上，组织专家、专业人员撰写，在编纂过程中，既尊重传承人口述的真实性，又兼顾可读性，在不改变传承人原意的前提下对文字进行了部分调整。

该套丛书以传承人为单元，一人一书，单独成卷。从传承人第一人称口述的角度，记录国家级非物质文化遗产代表性传承人传承实践的丰富历程，讲述他们多彩的人生故事。该书还对传承人所属的项目进行介绍，从文化价值、存续状况、传承保护等方面叙述项目的基本情况，从生平事迹、学艺师承、授徒传承等角度阐述传承人的生平经历。丛书的重点定位在传承人的从艺经历、实践经验、传承状态等内容，此外，与传承人相关的人员分别从不同角度多层次地补充了传承人的经历。书中还附有传承人个人年表、文献图录等，提升了丛书的学术价值。

该套丛书由浙江省非物质文化遗产保护中心主持编纂，组织非物质文化遗产专家、文化学者、出版社编辑等讨论丛书的框架、体例、版式；丛书分卷作者用心编撰书稿，反复斟酌文字，不厌其烦地查阅资料、核对内容；代表性传承人及其家人也积极主动参与了丛书的编撰过程。各方的共同努力，终于促成了该套丛书的付梓。

我们相信，“浙江省国家级非物质文化遗产代表性传承人口述史丛书”能为非物质文化遗产保护工作者、研究者铺路搭桥，提供丰富、翔实、鲜活的第一手资料，同时也希望能让记录成果更好地发挥作用，让非物质文化遗产保护成果惠及大众，为社会共享。

丛书编委会

目　录

第一章　项目概况

永嘉昆曲，又称永嘉昆剧、温州昆剧，简称“永昆”，流行于浙江温州、台州和福建北部等地，是昆剧流布在浙江的一个重要支脉，与宁波昆剧、金华昆剧并称浙江三大昆剧支脉。2006 年 5 月昆曲列入首批国家级非物质文化遗产名录。

明清时期，昆山腔传入温州，很快便取代了海盐腔，并且渐渐“本地化”，形成了别具一格的地方流派，因温州旧称永嘉，故名永嘉昆剧。永嘉昆剧形成后，不仅演出于深宅大院之中，还串乡走村，与庙堂草台结缘进行演出活动。永嘉昆剧在清中期的演出一度存于“三合班”(高腔、昆腔、乱弹)中。清咸丰七年(1857)，由昆丑阿桃发起、组织全昆班，取名“同福”，于咸丰八年(1858)大年初一在温州杨府殿开锣，这是见诸记载的永嘉昆剧独立成班后的首次演出。到同治年间，除“同福”外，尚有“品玉”昆班。同治、光绪至民国年间为永嘉昆剧演出的鼎盛时期，当时演出的班社多达三四十个，其中最有名的戏班为“新同福”与“新品玉”。

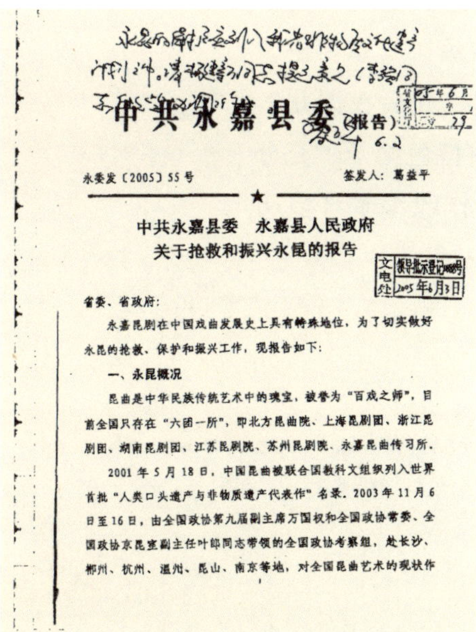

中共永嘉县委（报告）

永委发〔2005〕55 号　　签发人：葛益平

中共永嘉县委　永嘉县人民政府
关于抢救和振兴永昆的报告

省委、省政府：

永嘉昆剧在中国戏曲发展史上具有特殊地位，为了切实做好永昆的抢救、保护和振兴工作，现报告如下：

一、永昆概况

昆曲是中华民族传统艺术中的瑰宝，被誉为“百戏之师”，目前全国只存在“六团一所”，即北方昆曲院、上海昆剧团、浙江昆剧团、湖南昆剧团、江苏昆剧院、苏州昆剧院、永嘉昆曲传习所。

2001 年 5 月 18 日，中国昆曲被联合国教科文组织列入世界首批“人类口头遗产与非物质遗产代表作”名录。2003 年 11 月 6 日至 16 日，由全国政协第九届副主席万国权和全国政协常委、全国政协京昆室副主任叶郎同志带领的全国政协考察组，赴长沙、郴州、杭州、温州、昆山、南京等地，对全国昆曲艺术的现状作

关于抢救和振兴永昆的报告

永昆艺人面向农村演出时，为了适应农民群众的欣赏水平，往往删繁就简，化雅为俗，对有些剧目的场次结构和曲文宾白进行改造，给予通俗化的处理。当时永嘉昆剧的剧目有两大类：一类是传统戏，又称勘定本戏，包括《琵琶记》《荆钗记》《白兔记》《杀狗记》等 120 多种；另一类是永昆艺人独创的剧目，又称民间俗本戏，包括《对金牌》《虐媳报》等 40 多种。

永昆的音乐曲牌中既有与苏昆同牌同调的，也有同牌异调和独有曲牌，演唱中不受传统联套宫调规律限制，偶尔可以同宫异调联套，甚至在某一曲牌中间转调，呈现出极大的灵活性。早年的永嘉昆剧艺人文化水准低，大部分人不识工尺，用的是点板式“三点指”或“三指板”，即只注板眼，不注工尺的曲谱，他们称为“乌佬谱”。这并非永嘉昆曲独具的，浙江的“金昆”、湖南的“湘昆”，用的也是同样谱式。在长期的流动演出中，艺人在编演新戏时为了能快速编腔，创造出了“九搭头”的编腔手法。

与苏昆的细腻、委婉相比，永昆的表演艺术具有古朴、自然、明快的特点，身段动作接近生活、接近自然，表演内容追求符合生活逻辑的真实。这些特点在《吃饭吃糠》《追舟》等折子戏中表现得尤为鲜明。

1951年，永嘉昆剧班社“新同福”“新品玉”“一品春”“江南春”等零散艺人成立巨轮昆剧团。1955年，民间职业剧团登记时，改组为永嘉昆剧团。1957年8月，《见娘》一剧参加浙江省第二届戏曲观摩演出大会演出，演员杨银友、章兴姆获一等奖。同年9月，温州专区戏曲学员训练班招收一批学员学习昆剧，为永昆培育接班人，其中有林媚媚、吕德明、叶德远、陈崇明、陈欣欣、王友圭、朱永清等。1958年剧团整理重排了《琵琶记》《荆钗记》及《当巾》《追舟》等一批剧目赴上海演出，获得好评。到20世纪60年代，剧团整理了《荆钗记》《开金锁》《杀狗记》《八义记》《连环记》《绣襦记》《钗钏记》《蜃中楼》等多个大戏，并改编了《东窗记》《罗衫记》，搜集整理永昆曲牌数百支。1962年起，先后在温州、杭州等地汇报演出，行家与观众对永昆的剧目和表演特色给予了充分的肯定。除整理演出了大批传统剧目外，该团还创作改编了许多历史剧和现代剧。1968年永嘉昆剧团被撤销。1976年，永嘉成立永嘉京昆剧团之后，演出了昆剧《白蛇传》。1979年，永嘉县委恢复永嘉昆剧团建制，为参加浙江省举办的迎国庆三十周年戏曲会演，该团演出了《百花公主》并获优秀演出奖。同年招收新学员三十余名。20世纪80年代，由于戏曲危机的冲击，观众锐减，剧团生计艰难。1985年，永嘉昆剧团以“一套班子，两块牌子”的方式析置越剧

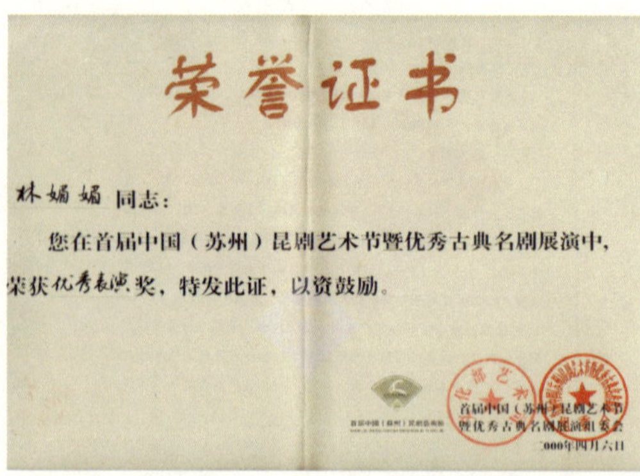

首届中国昆剧艺术节获奖证书

团，把永嘉昆剧团这块牌子保留在永嘉越剧团内。自1991年10月编演了昆剧现代戏《嘉富村琐事》以后，永嘉昆剧团于无形中瘫痪。

1999年，永嘉县成立永嘉昆剧传习所并招收张胜建等十名学员送往上海戏曲学校培训。随着《张协状元》在苏州举办的首届中国昆剧艺术节上引起轰动，先后获曹禺戏剧文学奖、文华新剧目奖、中国戏曲学会奖等众多奖项，多次应邀赴海外多地演出，永嘉昆剧的影响力日渐扩大，恢复永嘉昆剧团的呼声越来越高。2005年6月，永嘉县恢复了浙江省永嘉昆剧团并扩大了编制。近年来，剧团共挖掘、整理《琵琶记》《荆钗记》《折桂记》《金印记》等十余本大戏及30多出折子戏，并相继出版了《永嘉昆剧》《〈张协状元〉评论集》《浙江省非物质文化遗产丛书·永嘉昆剧卷》《永嘉昆曲十年》等书籍。2008年，林天文、林媚媚被评为国家级非遗代表性传承人。2020年，永嘉昆剧团与浙江艺术职业学院联合招收35名学生，为永嘉昆剧定向培养新生代昆剧传承人。

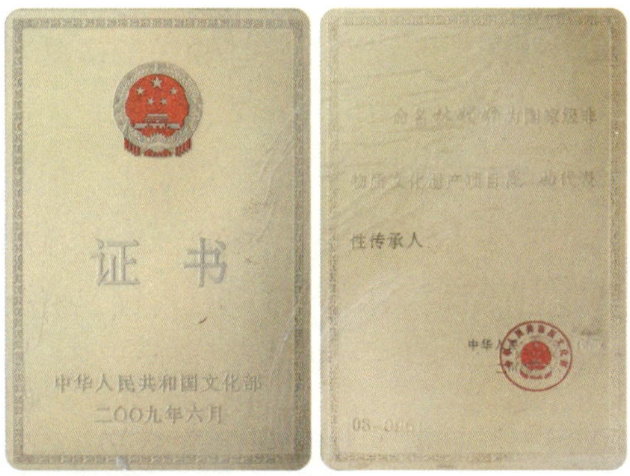

国家级非物质文化遗产项目昆曲代表性传承人证书

国家级非物质文化遗产项目昆曲代表性传承人奖牌、奖杯

第二章　人物小传

林媚媚，女，1941 年出生，温州人，永嘉昆剧团第一代女小生，永嘉昆剧《张协状元》张协饰演者，中国昆曲研究会会员，第三批国家级非物质文化遗产（昆曲）代表性传承人。

1957 年，林媚媚考入由温州政府部门开办的“温州专区戏曲学员训练班”学习，从培训班结业后进永嘉昆剧团工作。师承永昆著名小生杨永棠、杨银友。在名师的教导下，林媚媚勤奋刻苦，成为前辈看好的一位有潜力的小生演员。因丈夫是飞行员，1970 年林媚媚作为随军家属离开了永昆。她在永昆的时间虽仅七年，却饰演了《荆钗记》《琵琶记》《白罗衫》《桂花亭》《墙头马上》《拜月亭》《白蛇传》等十余个大小剧目的男主角。由于身材匀称、扮相俊雅、声音甜润、人物刻画细腻而赢得了同行与观众的好评。

林媚媚在文化部召开“张协状元”学术研讨会留影

《琵琶记·书馆》中的蔡伯喈

20 世纪 80 年代林媚媚返回温州，随后便投入抢救永昆的行列之中。1988 年，中国艺术研究院派摄像专车到永昆录制传统剧目，林媚媚凭饰演《荆钗记·见娘》里的王十朋、《秋江》里的潘必正等角色受到了好评。1999 年，在第七届温州市戏剧节上，林媚媚在《琵琶记》里饰演的蔡伯喈一角获得表演一等奖。

2000 年，永嘉昆剧《张协状元》参加第一届中国昆剧艺术节会演获得极大成功，林媚媚凭饰演张协一角获优秀表演奖。此后，她便成了新闻焦点人物，并受有关方面邀请随剧组赴北京、台湾、香港演出，在海内外戏剧界引起极大的关注。

2003 年，林媚媚参与永嘉昆曲传习所的业务工作，在短短的几年时间里，和其他老艺人共同努力，复排了《张协状元》，并挖掘、抢救了《杀狗记》《折桂记》等数本传统剧目与十余出传统折子戏。2015 年，林媚媚入选文化部“名家传戏——当代昆曲名家收徒传艺”工程名单，将《荆钗记·见娘》《张协状元·游街》传给学生金海雷、杜晓伟。现如今，林媚媚除了尽职尽责指导学生以外，还在着手整理永嘉昆剧表演艺术的文字资料。

荼蘼芳菲
霓裳雅韻

第三章　口述采访

采访时间： 2017年9月1日至3日

采访地点： 温州市鹿城区蝉儿路林媚媚老师家中

采访者： 浙江省文化艺术研究院蒋羽乾

受访人： 昆曲国家级非物质文化遗产代表性传承人林媚媚

一、进戏校

采访人：林老师，能说说您的家庭背景吗？

林媚媚： 1941年11月，我出生在温州市区。我父亲在温州电力局工作，一直到退休。我家祖上出过几任做官的，家教比较严，可以说是书香门第。我父亲在教育子女时常常说："坐有坐相，站有站相，吃饭也要有吃饭的相。"我家家风比较好，从来没有见过父母吵架。我父亲在当年被附近的人们叫成大孝子。我小的时候有一次快过年了，父亲和一个邻居聊天，听说他没有钱过年，我父亲当场就摘下了自己手上的金戒指给他，叫他先去过了年再说。至今我们兄弟姐妹们说起这件事来，仍然印象深刻。我母亲是个家庭妇女，在这条街上住了60年，做了一辈子的善事。我家门口每天早上有个临时市场，大多数摊主都是温州城外的农民，他们挑着自家种的菜来卖，每逢过年过节的中午，她就做一些应时的清明粿、粽子、糯米饭等吃食去送给那些来不及吃饭的农民们，这件事她做了很多年，一直做到她去世的那年为止。大家都认为她是个非常厚道、善良的妇女。我是家中老大，下面有四个弟弟、一个妹妹。受父母的影响，我们兄弟姐妹继承了这样的家风，大家这么多年在一起，也从来没有吵过架、闹过矛盾。

童年时期的林媚媚与弟弟

采访人：您的家庭里有艺术氛围吗？怎么开始从事戏曲的？

林媚媚：我家谈不上有艺术氛围，祖上没有一个人从事艺术工作。要说我走上艺术道路，这和我母亲有关系，也跟我住的地方有关系。我家在温州的公园路，和东南剧院很近。那时的东南剧院是温州最著名的剧院，一年到头演的全部是越剧。我母亲很喜欢看越剧，每逢新戏上演的时候，她和几个姐妹就相约一起去看戏，有时也带我去，一来二去，受母亲影响，我就对越剧产生了很大兴趣。小的时候我在学校里也喜欢唱唱跳跳，放学回家和几个要好的女孩子在一起唱歌的时候，我会主动地编一些动作，算是一个文艺小头头吧。小学毕业后，我进了温州市第一中学，温州一中的后门正对着东南剧院。那时剧院有个习惯，当台上演到最后一场时，检票员就把大门打开，让那些没有买到票的观众进场看个尾巴。学校放学往往就是剧场开门的时候，我就趁此机会进场去看一点点尾巴。

那时我家有个邻居，是杭州人，她身体有残疾，是个驼背，二十多岁了还不到我肩膀高。她很喜欢看戏，可是因为身体不方便，没法去。有一天她对我说："你经常去看戏，能不能带着我去啊？"我说："好啊。"她说："我这个样子，你难道不怕没面子吗？"我说："不会的。"从那以后隔三岔五的周末，我就买了票带她去看戏，慢慢地，我看戏更入迷了，还常常在演完后跑到后台去看演员卸妆。那时温州地区有好几个越剧团，每个越剧团都有不错的演员，温州越剧团、玉环越剧团的小生都很好。这些小生们在台上风流潇洒，给我留下了深刻的印象。

初中毕业时，温州文化宫贴出了广告，说新办的温州专区戏曲学员训练班要招收学生。我心动了，身边知道我爱唱越剧的同学们也纷纷鼓励我去报考。反正文化宫就在我家边上，我就试着去报了个名。报名的时候，我特地问："你们这里是不是招收越剧学生？"招生老师说："你先报名吧，考进了再说。"

几天后，我到文化宫考试。进考场前，有人跟我说我的考官是吴桐。我知道吴桐是温州越剧团的导演，他的妻子是邢爱芳，也就是著名的"小筱丹桂"。我很高兴，心里想，在他手上考，那就肯定是招越剧学生。听说当时报戏曲训练班的有一千多人，最后一共只招了80个学生。到吴桐导演这里考试时大概其他老师已经对报考学生筛选过好几次了，和我一起候考的只有十来个人。吴桐导演先让我唱个歌，又让我照他说的意思演个小品，小品内容大致就是出门做一件什么事情，然后再回家关门。演完以后，我看到他有点笑眯眯的。出门之前，我转过身来，很认真地对他说："我是要演越剧小生的。"他点点头，说："照你的个子，就是应该演小生的。"听了这话，我很高兴地回家了。

过几天，录取通知书送到家里了。拆阅通知书的是我父亲，受传统思想的影响，他很不高兴，沉下脸来问我："你要去学戏？录取通知单来了，你看怎么办？"我说考上了，那就要去呀。他怒气冲冲地说："什么学校不好去，一定要去这个学校？你要敢去，我打断你的腿。"父亲从来没有骂过我，这次骂我了，而且骂得这么严厉，吓得我慢慢退到门外，站在院子里。到了吃晚饭的时候，母亲叫我去吃饭我也不敢进家门。最后，还是母亲做通了父亲的思想工作，让他退了一步。父亲和我说："演戏很苦的，你要有心理准备。你真的想去，就去；不行，再回来。"那时我只觉得台上演戏很风光，父亲同意我去学戏，去上台，心里开心极了。

几天后，戏训班开学了，我去报到。戏训班办在新圆觉寺里，也就是现在的信河街那里。我们开学的时候市委宣传部长也来参加开幕式，他说我们这个戏训班的规格很高，是浙江省戏训班的分部。我们本来应该到杭州去学习的，或者说到正式的温州戏曲学校上学，但是由于抢救地方戏的任务已经很急迫了，剧团亟须年轻人去学戏，如果要建正式的温州戏曲学校要选校址、造房子……到正式能招生要好几年，时间来不及，就尝试性地先搞了地区戏曲学员训练班。尽管正式的名字叫温州专区戏曲学员训练班，但是我们大家一直习惯性地叫戏校。

一段时间后，新圆觉寺要改建了，我们又搬到仓河巷。搬到仓河巷的时候，戏校已经快要结束了。戏校的学员班一分为二：一个是男班，一个是女班。这里男女说的是台上的行当：小生、老生、花脸、小丑，都是男班；花旦、青衣，都是女班。我一直分在男班，班主任是史月珍老师，她是温州越剧团有名的小生。戏校的总负责是胡崇刚老师，还有一位政治指导员叫周永康，周永康老师后来跟着我们到了永嘉昆剧团，当第一任团长，对我们永昆一直很关心。

教我们腰腿功的庄老师原来是一个京剧戏班的班主，名字忘记了，我们背地里偷偷地叫他庄老板。庄老师给我们每个人发了一双靴子，三寸半高的底，教我们练腰腿功。他叫我们练下腰的时候，要仰面朝天，腰靠在一根绑着厚厚棉花的竹杠子上，头和脚分别在竹杠子的两侧挂下来。有时老师觉得你的腰弯得不到位，还把你的肩膀和脚用力从两边往里压。那会儿我已经初中毕业，不像小孩子的腰那么软，他压我肩膀的时候，真是痛得连叫都叫不出来。时间一到，我被同学从竹杠上扶下来，躺在地上，几乎动不了，要过好半天才能恢复知觉。有一次我弟弟去看我，这个场面把他吓到了，到现在还常常说起。

我那时是文生方向，武功和刀枪把子我需要练，但是不用练得很多，不过里面有两个技巧是一定要练的，一个是抢背，还有一个是

20 世纪 60 年代，在《白蛇传》中扮演许仙

僵尸。这两个在后来的《白蛇传》当中我都用上了，僵尸还用在《惊变》里，抢背还用在《断桥》里。

我是小生，除了台步、腰腿外，扇子、水袖功练得比较多，都是史玉珍老师教的。因为越剧小生风流倜傥，所以对这些东西特别讲究，比我们温州其他的地方戏都要讲究。史老师上第一堂课时就跟我们说，水袖一定要漂亮。翻水袖后要用大拇指扣住水袖，不让它掉下来。记得我曾经问过史老师："如果翻不上来怎么办？"她很巧妙地回答我："如果你上不来也没关系，稍微用手带一下，整理好，不要挂下来。"

在戏校练基本功，大概只练了十来天，接着就给大家排折子戏，昆剧、瓯剧各排一个。昆剧排的是《荆钗记·打斋》，里边有三个角色，钱玉莲、王十朋和老道，那次我演王十朋，陈菲菲演钱玉莲，王冬生演老道。当时我们很吃惊，为什么叫我们学昆剧呀？大家有点不愿意，老师说："没关系，这不是给你们分班，只是让你们试一试，你们适合什么剧种就去什么剧种。"我们都是第一次听到昆剧，大家纷纷说："天哪，怎么有这么难听的戏？"昆剧不仅"难听"，而且也难学。不过，虽然不乐意，我们却都很乖，上课时老师怎么教我们怎么学。老师往东指，我们也往东指，老师往西指，我们也往西指，不理解剧情，就很死板地学下来。

我们花了一个星期学完后，到文化宫汇报演出。要正式演出，我们不会化妆，是团里的老师来给我们化的。那次汇报演出，除了老师们坐在下面，听说宣传部也有人来。演出结束之后，老师也没有跟我们说什么。接下去开始正式分班，分成了京剧班、昆剧班和瓯剧班，

温州专区戏曲学员训练班同学会留影，1958 年 5 月

唯独没有越剧班。当时温州最流行的是越剧和京剧，我们看得很多；那时还叫温州乱弹的瓯剧是我们的地方戏，也听过；只有昆剧，几乎没有听到过，前几天刚刚听过《打斋》，既不好听又不好学，实在是不喜欢。昆剧班里有不少人和我一样是冲着越剧来的，现在大家就不愿意了，有的人还向学校提出："我们要回家，我们要退学！"回去和家长一说，家长也来要求退学，戏校里起了小小的风波。

老师觉得事情很难处理，就向宣传部汇报，宣传部派人到学校来开了个大会，当场宣布——一个学员都不许退学，如果一定要回去，那就当作开除处理。老师问："你们出去干吗？"我们答："上大学，进工厂。"老师说："你们如果被开除，那是要进档案的，不管是学校还是工厂，都不敢收你们。"那时，学生被开除就像大人被判刑一样，像是犯了很严重的错误，后面的人生就完了。这样一来，大家都被镇住了，心不甘情不愿地留下来。后来，家里再聊起这件事的时候，父亲说当年如果我离开戏校的话，可以进电业局工作。但是我的想法单纯，留下来也就留下来吧，要是进了电业局工作，那我的人生又会是另一个样子了。

我们二十来个人分到昆剧班，分班后学校给我们增加了几位老师。杨永棠老师是来得比较早的，在我们学《打斋》的时候他就来了。后来增加的是章兴姆老师、罗友弟老师，乐队增加了陈达辉老师、叶志钦老师、陈雪宝老师。我们情绪稳定下来后就开始学戏了，学的第一个戏是《长生殿·惊变埋玉》。这个戏行当比较全，生、旦、净、末、丑都有，所以被老师选为启蒙戏，老师把我们分成几个组，每个同学都有角色演。因为这是我们学的头一出戏，老师们教得特别尽心，可以说是手把手教的，动作有任何不到位的地方，都会停下来重新教。这场戏学完后，我们和瓯剧班、京剧班的同学一起在东南剧院进行结业公演，大家反应都不错。

当时我们这一组里演唐明皇的是我，演杨贵妃的是王友圭，老生陈元礼是吕德明，花脸杨国忠是朱永清，丑角高力士是王冬生。我们这几个人在后来也成了老搭档，不管什么戏总搭在一起。其中我和王友圭的感情特别好，我和她可以说是一对舞台姐妹，搭戏也搭得最多，比如《白罗衫》《墙头马上》《桂花亭》……一直到现在一打电话，聊起来的主要内容还是戏，滔滔不绝的，讲不完。我们两人喜欢给彼此配戏，有感觉，用我们温州话说起来就是很"黏"，非常舒服。好几次我们打电话的时候，她还常常说："媚媚，如果有下辈子，我们还要做舞台姐妹。”她的戏很棒，在舞台上表演技艺也很全面。可惜她身体不好，没法和我一样坚持在舞台上。我到现在还非常留恋和她一起演戏的时光。

后来我也和陈欣欣搭档，她的戏路是青衣旦为主，我们配过《荆钗记》《玉簪记》《墙头马上》，她的《琵琶记·吃饭吃糠》也很不错。我搭得比较多的还有一位旦角演员叫郑淑兰，她进团比我们早一点，我和她配过《拜月亭》。她的戏很有特点，她是沿着前辈“大姆旦”那一路下来的。我没有看过“大姆旦”前辈的戏，她还有一个学生罗友弟是我们的老师，我看过罗友弟老师的《摘桂记·打肚》和《吃糠》，这两出戏我看了很多次，真是精妙，印象非常深，每次老师演这个戏，我们都要看。在《打肚》一场中，他模仿孕妇的步法非常的形象，遇到大娘打她的时候，“哎哟”一声，叫痛叫得非常真实。孙彩凤老师学过“大姆旦”的《吃饭吃糠》，演得很好。老生吕德明也有几出戏很不错，比方说《秋江》；大花脸朱永清的《单刀会》很好，我们这批师兄弟们还是相当有实力的。老师们看到我们进步很快，教我们教得也特别尽心，还对领导说，这批学生们都挺乖，挺上进的。

《吃糠》郑淑兰饰赵五娘

1957 年温州地区戏训学员训练班昆剧师生合影

二、在剧团

采访人：你们什么时候进入剧团的呢？

林媚媚：我们在戏训班学了六个月，培训结束就分配到剧团了。

我们进剧团时，剧团正着手搬到永嘉上塘。这件事对永昆来说，影响很大。从唐朝开始永嘉县衙就在温州城里，永嘉人也觉得自己就是温州人。可是 1957 年底，温州市做了一个决定，把永嘉县政府从温州市区搬到瓯江以北的上塘去。听说是因为那时温州是沿海前线，可能是从军事战略层面考虑，所以要把县城搬到隐蔽的大山中间。上塘是个盆地，易守难攻。当时温州市属有四五个剧团，永嘉县没有剧团，就把昆剧团划给永嘉。永嘉县政府从市区的九山路搬到上塘去了，昆剧团也要跟着到上塘去。

1958 年，老师就带着我们到了永嘉上塘。在戏训班里时，我们没有意识到剧团归属县里还是市里会牵涉到剧团级别高低甚至剧团未来的待遇问题，偶尔有家长提起，老师也安慰我们说："你们不要在乎学什么剧种，你们看，不管是京剧团、瓯剧团还是昆剧团，所有的剧团都在温州市区。你们这些去了昆剧团的同学也不要担心，永嘉的县政府在市区九山路，你们的团部在市区百里路，大家都一样。”这样就给了家长一个安慰。

采访人：听口气，当时剧团像是不愿意到永嘉去？

林媚媚：当时我们还真是不愿意。温州以瓯江为界，江南的市区以及瑞安平阳一带叫江南，是水乡；瓯江以北的永嘉及乐清叫江北，山区比较多，特别是永嘉，是相对贫困的山区。我们温州说永嘉是“爬山岭，吃麦饼”的地方，整个永嘉除了上塘是个盆地，瓯北有一些小平原外，其他都是山区。我们班的同学全部来自江南水乡，温州、瑞安、平阳、苍南这些地方都是我们巨轮昆剧团以前经常演出的地方，偏偏整个戏训班中没有永嘉人，所以大家感觉对永嘉特别陌生。尽管如此，组织上这样决定了，我们也只好服从。

那时永嘉县委还挺重视我们昆剧团，永嘉县长刘志良亲自来迎接我们，他说：“你们不要不愿意来，我们永嘉以后会很好。你们看，我们刚刚建好的人民大会堂，地板崭新的，就划给你们昆剧团做团部用。”那时人民大会堂刚刚建成，两层建筑，食堂、排练场一应俱全。我们都很听话，到了这边，那就要好好地在这边干。

采访人：接下去说说您在团里边演边学的情况吧。

林媚媚：当时剧团里很多老师都已经是50岁上下的年纪了，像杨永棠老师已经接近60岁了，杨银友老师年轻一点，也已经40多岁，下面年轻人很少，剧团算是青黄不接了。谢金宝团长为这件事情很着急，要求团里所有的老师要尽快把自己身上的戏都传给新来的学员，尽快让我们上台。我们进团第二天，团里就开大会，谢团长在会上说：“你们是永昆的宝贝，为了以后永昆的发展，你们要赶快顶上去。”接着，他就宣布学生和老师之间的结对名单，我们小生一共有四

杨永棠

杨银友

杨银友（右一）在《见娘》中饰演王十朋

个，杨永棠老师和杨银友老师各带两个，我是跟杨永棠老师的。当时社会上在“破四旧、立四新”，就不像旧社会那样拜师，只是宣布一下名单，更没有什么拜祖师爷、磕头敬茶这些仪式。虽然没有那样的仪式，但是我们心里有。从那以后，我们就把老师当作父母一样看待了。我们这批学生对老师，真的非常尊敬。虽然我没有分在杨银友老师名下，他还是愿意教我的。杨永棠老师也一样，另外两个小生也从他那里学了不少戏。我的老搭档王友圭跟着陈雪宝老师学戏，陈雪宝老师年纪也比较大了。为了让我们尽快能接上老师的班，谢金宝团长给老师们提要求，让老师们放手把舞台让给我们。谢团长的夫人周云娟老师是剧团的顶梁柱，他就当众要求她表态，要带头放戏给我们。我们学戏速度快，与老师放戏快、放戏多是分不开的。

大会结束，老师马上就开始教我们了。不像在戏训班里有那么好的条件，有专门的学戏场地，有专门的学戏时间，我们随团之后学戏就要见缝插针了。转台基是学戏很重要的时间，我们一边走一边听老师说；到了休息的时候，看到老师坐着，我们就会凑上去演一段给老师看一下。回忆起来，在短短的两三年学戏的时间里，我们这些搭档，特别是我和王友圭这一组，学出了20多本戏，我们那时一年演出300多场。白天演、晚上演，演得最多的是《玉簪记》《长生殿》《荆钗记》《蜃中楼》……听谢团长说，有一年我们还演到了400多场，自己想想都觉得很惊讶。我们就是在这样紧张的情况下，见缝插针学，靠着老师口传心授，没日没夜地学。

老师教戏是先把台词给我们，让我们自己去背，早上没有戏的时候转台基，一边转台基，一边给我们讲戏。学到六七分的时候，老师就让我们上台演，检验学习成果，主要是在乡下的草台上演。今天感觉演出了七分戏，演完主动去问老师，今天的戏怎么样，老师就给我们提意见，明天再演就有八分。这样演过几次，慢慢就巩固下来了，就可以到镇上甚至城里的舞台上去演了。我们就是这样在舞台上摸爬滚打磨炼出来的。一方面是老师手把手地教，还有一方面就是我们看老师演出。老师们的戏太好了，每一场演出我们必看，不是随随便便地看，是每一场都看得很入迷，盯着他们看。比如说杨永棠老师的《当巾》这场戏，不光是我，旦角们也要来看，大家越看越有味道，有时看戏比老师教戏还管用。为什么我们能保持永昆风格？因为老师台上的味道，举手投足、念白都深深地印在我们脑袋里，几十年过去了，很多戏仍然像凿在石头上一样记在我的脑海里，一点都忘不了。可以说我们学过的戏，都可以当作精品来演。

采访人：杨永棠老师很看重您，他曾说："媚媚聪明，学得出，我愿意教她，别人学不出我就懒得教了。"他对您严厉吗？

林媚媚：不，他对我很和善。一开始我是跟着杨永棠老师学，后来又跟着杨银友老师学。我跟杨永棠老师学戏时，他已经60岁了，刚开始他还上台演出，没多久后他就很少上台，都推我们上去了。偶尔上台也只演一些《绣襦记》《永团圆》这些难度比较大、还没有教的戏。那时候他是看定了我，教我特别尽心，真是下了一番苦功夫。老师那一代人教戏，也要看学生的条件和态度，你勤学他才肯教，你问得多他教得多，学生一定要主动、谦虚。他认为我条件好，可以传承他的衣钵。我每次演戏，只要他能来看，他都在台下看。有一次在东南剧院演出，在大剧院演出和乡下演出不同，我有点紧张了，演完后我把衣服一换就去找老师，老师就给我提意见了，说我哪里演得好，又说我哪里演得不好，特别尽心。他讲过一番话："媚媚啊，我教戏不是随便教的，我要看学的人有没有条件。你把我的戏拿走，上台演了之后，要让观众叫好，不能丢我杨永棠的脸。我今天在教戏，要是学生演了我教的戏，演得不好，被台下问这戏是谁教的，一说起来是杨永棠教的，我怎么办？我要脸面的。”这么多年过去了，这话一直深深地印在我的脑海里。

现在想起来，真的，对老师们感恩在心。他们对我们无论是台上的台风还是台下的生活，都有严格要求。他们对艺术求精求真的态度，深刻影响了我们。到现在说起老师们，我还是忍不住掉泪。我们对老师也很尊重，无论是转台基，还是其他生活上的事，我们都会主动地照顾老师。转台基时，看到年纪大一点的老师，就要帮忙背铺盖；吃饭时老师先吃，老师不动筷，我们不敢动。说到帮老师打饭，想起一件事，那时正是三年困难时期，有一次我们下乡演出，烧饭师傅用番薯粉掺了番薯叶子，做成团子给我们当夜宵吃，这在当时已经算是很不错的点心了，就赶紧去打来，送到杨老师还有章兴姆老师面前，说：“快吃吧，我帮您多打了一点，这是番薯粉的。”没想到杨老师却摇摇头：“媚媚，还给你，里面全部都是番薯叶子和番薯根，我吃不下。”这件事情我今天想起来还是觉得又辛酸又好笑。我们还帮老师洗衣服，小生老师都爱干净，不管是杨永棠老师还是杨银友老师，他们平时都穿得像书生一样，夏天的时候要穿白衬衣，袖子扣好，看起来很清爽秀气。一开始我对老师说：“老师，您的衣服我来帮您洗吧。”老师说：“白衬衫不能交给你洗，你太毛糙了，几次洗不干净，衬衫就黄了。”我说：“不会，肯定会给您洗干净的。”他还是不放心，说：“要不这样，我先搓一遍，然后你拿去漂吧。”后来洗衣服的时候，老师的白衬衣我都要单独留出来，多搓一遍肥皂，漂的时候也要多漂一两道。有时候师母到团里来，由师母照顾他，我就很仔细地观察师母照顾他的一些细节，记在心里。

采访人：1958 年的下半年，剧团就到上海去演出了。这对当时的县剧团来说是很难得的机会了，这件事和我们说说吧。

林媚媚：那当然了。这是我们第一次到上海，老师们也是第一次去上海演出。我们大部分人都从来没去过上海。那时不像现在，剧团可以直接到上海去，我们是一路演过去的：先坐船到青田、丽水，再走陆路到金华，再到杭州、嘉善，一路演到了上海。

在杭州演出时，尽管只停留了两天，但是浙江昆剧团（以下简称“浙昆”）周传瑛老师还特地为杨银友老师专门开了一个座谈会，还要求浙昆的演员们也来旁听。座谈会上老师们让我们展示了一些永昆比较有特色的程式，浙昆的老师们看了之后，认为我们应该在水袖等方面向他们学习，也叫浙昆的学生向我们学永昆的台步。在杭州演完，我们就去上海了，中间在嘉善还停留演出，当时我们觉得很奇怪，为什么在县城嘉善而不在嘉兴呢？这个问题到今天我也搞不清楚。

到了上海，俞振飞先生马上就要出国了，听说为了能够看一眼我们永嘉昆剧团的演出，他还特地推迟了行程。我们是在上海大众剧院演出的，第一场演出我们演的是折子戏，老师辈演《见娘》《当巾》《约钗》《闹钗》，我们学生辈演《惊变埋玉》。演完之后，老师带我们和俞振飞先生见面，也让俞振飞老师给我们点评一下。大家围坐在俞振飞老师的身边，他说我们的《惊变埋玉》很有特色，非常有激情，特别是最后“陈元礼来报”的那一段唱，唐明皇着急情绪的表演方式给人印象很深。他看看我说：“唐明皇是你演的吧？演得很

1957年，永昆参加第二届省戏曲会演后，俞振飞、周传瑛、王传淞、张娴等著名演员与永昆演员合影留念。前排左起：包传铎、周传瑛、杨银友、章兴姆、俞振飞、叶仲常。后排左起：谢金宝、徐剑鸣、朱国梁、李冰、王传淞、周永康、张娴（永昆提供）

不错，你们老师有很多好东西，你要好好努力。”当时我们还年轻，还以为自己真的演得很好，不知道其实是俞振飞大师在为我们永昆的演法点赞。因为我们当时在艺术上还真的很幼稚，只是照着老师教的演而已，谈不上对人物的理解有多深刻。所以俞老肯定的是老师教我们的表演。

采访人：对当时的你们来说，进大上海演出应该有很多新鲜事吧？

林媚媚：是啊。到上海演出，见到了很多之前没见过的东西，比如说我们第一次见到电风扇就是在上海。有一天晚场演出完，我洗了头发正用扇子扇头发。剧场的一位管音响的老师朝我招招手说：“小姑娘，快过来，都快 11 点了，这头发用扇子扇到什么时候？对着电风扇吹一下就干了。”我没有见过电风扇，犹犹豫豫地靠近它，果然几分钟就干了。我快要吹干时，看到王友圭头发湿漉漉地出来，高兴地赶紧向她招手：“友圭，你快过来，这里有好东西！”这是我们第一次见到电风扇，印象很深。

新鲜归新鲜，剧团在上海还是很困难的。我们演出几天后，观众越来越少，收入越来越少。那时剧团没有什么积蓄，靠卖票给大家发工资，没有收入后，不要说演员工资发不出，就连日常开支都拿不出。记得有一餐，厨师没钱买菜，只好烧一脸盆当时没有人吃的鸡爪当菜。到了大上海，总想买点东西带回去，可是摸摸口袋没有钱，也不敢出去玩，像是被困在剧场里。有一天，大家在大众剧院四楼的平台看到马路对面有人用绳子吊着篮子放下去，买两分钱一根的棒冰吃，我们很稀奇，也照买了一根，觉得真好吃。当时学员身上加起来只剩一毛钱，有人提议反正一毛钱也买不了其他东西，干脆全部买棒冰。就这样，你一口我一口，大家都吃了棒冰。我们这批学员虽然心里有意见，但是也不敢公开说什么，只是搁在心里。我在上海有个堂姐，知道我到了上海，就把我叫到她家去，好好地吃了几顿饭，知道剧团的困难后，说：“哎呀，怎么还有这么穷的剧团哪。”听了堂姐这么说，我心里很不是滋味。临走前她给了我十块钱，那时的十块钱是一个不小的数目，我用这些钱买了几块手帕，还带了一些蟠桃回去。

上海回来后，剧团放了几天假。我回到家就跟我妈说不回剧团了，我妈也随我，说不想去那就不去吧。后来我碰到了同学黄世荣，他是乐队吹笛子的，后来调到越剧团，说也不肯回去了。在家待了四五天，那时也没有电话，剧团的老师急了，谢金宝团长带着张金桃老师、杨永棠老师、陈雪宝老师还有周云娟老师到我家来找我。我弟弟在楼下喊："姐，你们剧团的老师来了。"我在楼上听到，把门一关，不肯出来，让我妈出去应付他们。老师们在楼下跟我母亲说，现在剧团是苦了一些，但是以后会好起来的，还说他们把我当作骨干来培养，这个学生他们是很看重的。他们说了很长时间，我妈觉得老师们这样真诚，被他们打动了，就到楼上来找我，让我回剧团。我还是坚持说不去，母亲说："你们老师真的非常用心，妈妈实在回绝不了，开不了这个口，要么你自己去回绝老师。"到了楼下，老师跟我说："你先回来吧，我们以后会好起来的，你知道的，剧团需要你。"老话说"见面三分情"，看着老师们看我的目光，我在楼上想好的那些话一句说不出来了，我心软了，只好跟老师说："你们先回去，我明天就回团里。"老师说："你明天一定要回来，后天我们就要下乡了。"我咬咬牙："好，我说了回去就一定回去。"第二天，我默默回到了上塘。在剧团，老师确实对我们很好，从那以后，我再没有想过离开永嘉昆剧团。

采访人：《惊变埋玉》是您从戏训班带到剧团去的，这也是您比较喜欢的戏吧？

林媚媚：因为在戏训班的时间很短，扎扎实实学到的戏只有《惊变埋玉》，没有学第二个戏。《惊变埋玉》是我们这一批同学的启蒙戏，可以说打下了我们这些同学的艺术基础。虽然并不十分清楚在上海演出时观众和行家的反应对我们永嘉昆剧意味着什么，但是至少我们明白了，我们演的唐明皇、杨贵妃是被观众认可的。1975年，我从部队回来探亲，去看望周云娟老师时，周云娟老师说，前年有一位上海的老师来找我，要和我碰一碰，他不知道我叫什么名字，只说在上海演唐明皇的小生。周云娟老师和他说我随军去了，那位老师很遗憾地走了。几天后，我和我母亲到永嘉人民大会堂去看戏，那时剧场门口有一批常年在卖橄榄、卖瓜子的小贩看到我，纷纷指指点点，说这是演昆剧唐明皇的，好多年没有看到我了。我拉拉母亲的衣袖说："怎么这么多年过去了，他们还认得我呀？"毕竟离演古装戏的日子过去好多年了。这说明永昆的唐明皇在当时人的心里还是有印象的，尽管不知道我的名字，但是他们因为唐明皇而记住了我。再后来，大概是1984年，有一天中午我正在温州第二棉纺厂门口买橘子时，厂里有的工人吃了饭出来散步，有几个人看到我后，朝我指指点点，说："哎呀，这个人是永嘉昆剧团的小生。"也有人说："不会吧，那么多年没有看到她了，你怎么就能认出来是永嘉昆剧团的小生呢？"我那时已经快20年没有上舞台了，没想到还会有人认出我来，其中一个人过来，很礼貌地问："请问一下，你是永嘉昆剧团的小生吗？"我说："是啊。"他说："我果然没认错，我们看过你们的好多戏。"话音刚落，后面立刻爆发出一阵起哄的声音，"我赢了，我赢了，给我两块钱，给我两块钱。"原来他们为了这个事打起了赌，这说明永嘉昆曲不仅仅在瑞安、平阳那些江南地区有观众，包括在温州市区也有很多观众的。说永嘉昆曲没人看是不切合实际的，只要剧目好，演得质量好，那就肯定有观众的。

采访人：1961年，永嘉昆剧团在温州东南剧院汇报演出，您能说说那一次的情况吗？

林媚媚：1961年在温州东南剧院演出是我年轻时的第二个亮点。那一次是文化局来通知，说中央宣传部和文化部（领导）要来看我们的戏，看两天，局里把温州最好的剧院给我们，要我们好好地演。我们问，怎么会有北京的领导来看？文化局说，上面说昆剧是一个濒临灭亡的剧种，他们视察到了温州，听说我们温州培养了一批年轻人，到底培养得怎么样，他们要看一看。中央领导要来看戏，我们很紧张。当时定下来要演十场，但是我们当时会的戏全部排出来只有九场，还缺一场，怎么办呢？我们当时还学了由唐湜老师改编的《东窗记》，但是没有上过台，于是就趁那几天的早上赶紧排，最后也上了台。我记得当时来的有赵万里、黄宗英，还有一位是文化部的路工，他们看了两出戏后，跟温州市委宣传部的董锐部长说，他们觉得很不错，决定再待一个星期，把你们培养年轻人的戏全部演出来。那次一共演了十本戏：《荆钗记》《蜃中楼》《白罗衫》《拜月亭》《赠书记》《桂花亭》，还有折子戏《惊变埋玉》《琴挑》《偷诗》《秋江》等。有几天还是一天演两场，下午一场，晚上一场，那几场中，我印象最深的是演《桂花亭》。黄宗英是瑞安人，她带了几个人坐在第三排，我们看过她的电影所以认得她。大家知道她来看，都很高兴，说："哎呀，大明星坐在下面呢。"我们也不敢多看，从侧幕的缝里偷偷地往下看。演完之后她到后台来，她对团里的人说：

“你们把演唐伯虎的那个小姑娘叫出来，我们要看看她。”当时是演下午场，因为晚上还要演，所以我只换了戏服，脸上妆也没有卸。她说：“小姑娘，你真不错，我看过了很多剧种的唐伯虎，你演的唐伯虎很好，台上的风度也很让人喜欢，演得很不错，像这样的戏以后要多演。”她还跟我聊了几句。以前觉得她是个大明星，只在银幕上看到她，没想到到了现实生活中见到了她，而且还受到了她的鼓励。十天的戏演完后，他们要走了，董部长过来说：“林媚媚、陈欣欣、王友圭三位同志明天到市委交际处，北京来的领导要接见你们。”第二天早上，我们就到了市里的交际处，坐在客厅里，路工对我们的表演评论了一下，还鼓励我们说：“你们都有好的发展前途，以后会是剧团的主力，要挑起大梁来。”最后还说：“林媚媚你考虑一下，根据你的条件，以后好好向冠生发展。”之前对于我来说，并没有区别什么冠生、巾生的想法，觉得都是台上的戏而已，没有想到他们这么懂戏，而且还根据我的条件给我指出方向，这也是我艺术人生当中一个重要的点，能得到专家和领导的认可，我也很高兴。1961 年的那场演出，对我们来说是一个表演技艺上的提高，飞跃性的提高。应该说，整个温州地区都很少有，这样高级别的领导在东南剧院看那么久演出的情况。能够参加这样的演出，是我艺术道路上值得骄傲的一件事。

采访人：昆曲的行当中还分了很多家门，您作为小生演员最喜欢哪一个家门呢？

林媚媚：永昆以前的行当分生、旦、净、丑、末，这些行当中所有角色都要这个行当的演员来演，像我演小生的，那就是冠生、巾生、穷生、痴生……这些不同的家门都要演。当时对我来说没有家门的概念，老师也很少说这是冠生戏，那是巾生戏，大部分都是自己学会后，在演出中注意人物形象，慢慢琢磨。应该说我那时候冠生戏、风流小生戏都很喜欢，永昆小生中难度最大的是痴生，也是我很喜欢的。每一个家门中都有我比较偏爱的角色。

最早提出要我把家门分开来的是文化部的路工同志。记得他是在温州市委交际处跟我说：“媚媚，你要好好地攻冠生，你的个子气度都适合冠生。”从那以后，我才开始注重分析冠生，开始把大冠生、小冠生分开来。之前只知道冠生、巾生的分别，但是没有把大、小冠生分得很清楚，只是觉得把角色分开来就可以了。

采访人：能说说人物揣摩和演出结合吗？

林媚媚：那要举例子来说。大冠生的话可以用《小宴》里的唐明皇来说，这里要把握好层次。首先，唐明皇是皇帝，杨贵妃再得宠，他们也是君臣关系，要演出皇帝的威仪，气势要大；其次，他是疼爱、欣赏杨贵妃的丈夫，有小生的东西。拿唐明皇的三次劝酒来说，三次劝酒是不同的劝法。第一次劝酒是夫妻间比较正常的相互劝酒，唐明皇说“妃子，干”，杨贵妃就喝了。第二次劝酒的时候，杨贵妃觉得“我已经喝过了，又有一点点晕”，唐明皇一看，杨贵妃的脸上红了，更漂亮了，于是带着欣赏的眼光看了又看，所以劝这第二杯酒时，要演得又体贴又动情。他把酒杯往前一挪，念白的“妃子”和前一声也不一样，这时杨贵妃眼睛一瞟，不愿意扫唐明皇的兴，于是杯子一倾，第二杯也喝下去了。干了之后，又向唐明皇撒了一个娇，给唐明皇看了一下杯底，唐明皇很高兴，开始喝自己的第二杯酒，喝酒的时候眼睛还盯着杨贵妃，唐明皇喝完了，也把杯底给杨贵妃一看。杨贵妃喝了两杯酒，已经有点醉了，所以这个第三杯酒她就不愿意喝了，酒杯端起来，先是一看，然后再给观众一个眼色，说我这第三杯酒是不能喝了。唐明皇在边上越加得意了，“杨贵妃两杯酒一喝，实在太漂亮了，不知道第三杯酒喝下去会变成什么样？”自己也端起酒杯来给观众一个示意，告诉观众，“我一定要她把第三杯酒劝喝下去”。这里的“妃子，干……”拖音拖得很长。杨贵妃无奈地端起杯子来，想喝可是已经喝不进了，唐明皇继续催，杨贵妃看皇上这么劝她，自己不喝，又觉得实在过意不去，但是喝的时候就已经不行了。唐明皇就叫两个宫女扶着她，唐明皇也很关心杨贵妃，宫女扶她的时候自己也站起来了，很关心地做出“小心，小心”的姿态，一边去扶，一边欣赏。这里就连宫女也有戏，皇上让宫女们小心的时候，给宫女们眼色，宫女们要朝皇上点点头，表示“知道，知道”。杨贵妃这里也有戏，被宫女们扶着，要朝唐明皇看一看，表示“我知道了，我知道了”。这三杯酒是一层、一层、一层，有递进的。这里的重点是几个“干”字和几声“妃子”不同的叫法，都有不同的差别。所以这本戏还是相当有味道。这是永昆的师辈们传下来的有特色的“三劝”。这个“三劝”，我们大家到现在还经常谈起，大家都觉得永昆的前辈们处理得很到位。这个戏我和王友圭演了很多年，演得很黏，两个人对这戏有感情，因为过去形势的原因，我们没有相片留下来，实在可惜，要是能找到一张就好了。

小冠生的角色有《白罗衫》里的徐继祖、《琵琶记》的蔡伯喈、《荆钗记》的王十朋，包括《张协状元》后面几场也都是小冠生。小冠生和大冠生不同，大冠生有威严味道，小冠生要带一点巾生的潇洒，有年轻俊才的味道。大小冠生不能同样对待，要区别开来。首先从人物性格来说，唐明皇是一代天子，说话行事没有任何顾忌，眼神看人都是自信地看。一出场的风度，是非常的皇家大气派，心里坦坦荡荡的。这种潇洒是很正气的，出场时的台步、举手都不一样。跨步要稍微大一点，在眼神表情上，也要比较偏大，这是我自己对唐明皇这种天子身份琢磨出来的体会。尽管《琵琶记》和《荆钗记》都是小冠生戏，但是蔡伯喈和王十朋的人物性格也要区分开来。两个人性格不一样，气质也不一样。蔡伯喈要保住自己的仕途不敢去反抗牛太师，但是又很思念在家里的父母，心里始终很压抑。这和王十朋思念母亲和妻子完全不一样，所以蔡伯喈的眼神就不能非常亮，总是压着一点点。从《赏荷》开始，他眼神中要带一点压抑。这种压抑，伴随着后面的大半本戏。到了《书馆》，他看到了那张父母的画像，开始唱“细端详”，他很惊讶这张画这么像，心里很悲哀。潇洒，在他身上根本起不来。人物性格不一样，情感不一样，身上状态自然也就不

年轻时的林媚媚与王友圭合影

一样。跨步就不能像唐明皇那么大。他和牛小姐对话时的一来一去，都是在互相揣摩。他们之间的比喻都是在相互摸对方的底。大家都是隐隐约约能猜出对方心里想的，但是又不能直说，所以心里有一种忧郁。和唐明皇比起来，蔡伯喈身上的书生味要浓一点。这场戏从人物性格来说，蔡伯喈脱了官服以后，才有一些年轻书生的味道。

王十朋是一个很正气、很耿直的人，是温州孝子的代表。拿《见娘》为例，他一出场，就非常的持重。这个出场有要求的，在出场前的几分钟，你要把整场戏的要点在心里默一默（梳理梳理），也就是说要“带戏上场”。上场时是带着思念的情绪，和蔡伯喈的压抑完全不一样。一出场，一亮相，眼睛当中带着思念，总是要往远处看，好像看远了就能看见亲人似的。他的步子也很稳定，一步就是一步。我们演戏的时候要从人物性格去琢磨，把人物之间的不同演出来。我这几年因为很少上台，但是又不停地思考，所以这些问题会想得越来越深入。这三个冠生戏我都喜欢。过去也演得很多。可惜现在已经不可能了，否则的话，我还想在舞台上实践实践，现在只能在教学当中，把这些体会教给学生。按当时来说，我最喜欢的是王十朋。《琵琶记》这个戏演得比较少，下乡时一般很少演全本，一般只演《吃糠》。《白罗衫》这本戏我们演得比较多，我也很喜欢，我们的《白罗衫》的情节和南昆稍微有点不一样，我们是苏夫人拦路告状，罗衫是撕开的，一半留给奶公，所以最后一场来拦路告状时，要纱帽一掼，一跪。现在想起来，当时演这个戏还是挺有味道的。

巾生的话，《玉簪记》里的潘必正就是巾生。不过我相对偏爱的还是《桂花亭》的唐伯虎。《桂花亭》里的唐伯虎算巾生的戏吧，不要看他装扮成书童的样子，走路的时候也是需要一些巾生的味道，如只要大公子、二公子来的时候，他马上就是书生的样子。我们的《桂花亭》第一场是从虎丘山烧香开始，华夫人带着春、夏、秋、冬四香去烧香，其中冬香是由男的丑角扮演。唐伯虎和祝枝山跟着她们出场。秋香和唐伯虎是在进庙时碰到的，秋香去烧香，唐伯虎也跟着去。秋香有一个心愿，等华夫人走了之后，她偷偷地向菩萨诉说希望将来能够找到一个好郎君。她一个人在拜的时候，唐伯虎进来了。唐伯虎看到是秋香在拜，他左一看右一看，看到了秋香的长裙就把秋香长裙一撩，一比秋香的脚，正好三寸，一开心，食指往鼻下一擦，心生一计，也跪了下去，把秋香身上的飘带压在膝盖下面。秋香拜完起身，结果飘带被唐伯虎拉住，她觉得唐伯虎傻里傻气，不由一笑。

"食指往鼻下一擦"，也是我们永昆独有的。到了第二场《追舟》，秋香觉得唐伯虎在后面追，很好玩，忍不住又一笑。唐伯虎卖身入华府，见到华太师时走的都是穷生步，一副下人的样子；但碰到秋香，他就放开了，是唐伯虎本来的样子；大公子、二公子求他的时候，他也是摆架子的样子。所以《桂花亭》里的唐伯虎也是巾生戏。那时候，我们也小，正是和剧中人物差不多的年纪，演这种带一点点玩笑的戏，演得特别溜，随便怎么演，观众都喜欢。

采访人：听说当年永昆演这个戏很多，到处演，很受欢迎，是吗？

林媚媚：对。我们永昆有两部风流戏：一部是《金锁记》，一部是《桂花亭》。这两本戏在农村演出都很讨彩。《金锁记》又叫《开金锁》，男女主人公从小定下了娃娃亲，金锁在小姐身上，钥匙在公子手上。这两本戏都是由我和王友圭演的，农民喜欢看这些戏，所以演得也很多。另外，《白罗衫》《白蛇传》《墙头马上》这些戏，因为演得多，也演得很自如了，也是观众很喜欢的。其实那时候除了《惊变埋玉》，整本冠生戏演得还不多，冠生戏下乡的时候都是折子。

采访人：那请您讲一下永昆独有的痴生戏吧。

林媚媚：痴生这个家门是永昆里独有的，我知道的也只有《绣襦记》里的郑元和。郑元和不像一般穷生的穷困潦倒，他不是家里穷，而是一时落魄，他身上是很有钱的，带着一千两银子，他是在温室里长大的。这个人物有点痴，又很雅，又很娇。学戏的时候，老师也没有跟我们说这些，这些是我后来在演的过程当中领悟到的。郑元和没有经历过社会的险恶，有点娇气，遇到了被赶出门的情况，他一时不知所措。尽管郑元和这时非常落魄，已经到了没饭吃的程度，但是他仍然是很单纯、不问世事的一个人。他一心要去找李亚仙，结果找不到。他不知道社会上的人情礼数，不懂得如何待人接物，所以说他是痴，人家对他怎么样，他就怎么回过去，如何应对人家他都不知道。

采访人：这里的"痴"是天真的意思，而不是贬义，对吗？

林媚媚：对，他是很聪明，只是表现得有一点点和普通人不一样，店小二骂他，他也不生气。演这个角色，要演出他的痴、娇、雅，把这些体现出来，比如说他很得意地说："我是荥阳县的大少爷，难道你不知道，你还要向我要钱？"因为他自己平时出门从来不带钱。所以连出去吃饭要给钱这事都不知道！由此可见他思想单纯到了什么程度。他可以说是把感情当饭吃了，什么都不管了，心里只有李亚仙。所以这个角色的难度特别大。这个戏是老师看我有了基础才教我，不是随便教的。

《绣襦记》中的《当巾》是我们永昆的经典折子戏，专家看了杨永棠老师的这本戏后评价，跟他同代的人演这本戏没有人能超过他。这出戏难度很大，老师到很后面才教给我。"痴生"这个词在其他剧团我没有看到过，在他们那里，郑元和这个角色一般都归到穷生里，痴生可能是我们永嘉昆曲独有的。老师在教我这出戏的时候，已经把巾生、冠生这些戏都教过了，是最后教我的。要学痴生，首先要学好痴生步，痴生步不同于穷生步，它的重点在脚后跟，身子是半蹲的，鞋子是半拖着走的，走这个步子时，头、身子都要随着脚步的动而跟着动起来。痴生步不好走，老师教我是白天教的，到了晚上要求我在月光下练，练到自己满意了才能去睡。第二天早上起来再走给他看。他对我很严格，我自己学这个戏也觉得诚惶诚恐。这是老师的看家戏，不能给他丢脸。

采访人：杨永棠老师把这本戏只传给了您，那当时给您配戏的人又是谁呢？

林媚媚：给我配戏的是马永标老师，他也给杨永棠老师配戏。马永标老师演这戏里的店小二真是演绝了，活脱脱一个非常市侩的、滑稽的店小二，带着一点土味。比他再早一点，有一位叫"大献珍"的老师也演这个角色，可惜我们没有看到过。这出戏用的口白，不同于普通的中州韵，尽管还有着尖团音，但是更要接近温州土话，是很平民化的口语。这种口白，永嘉昆曲当中是为数不多的。比如说，"荥阳县"的"县"字，要读介乎"元"和"云"之间，已经完全听不出来是中州韵，几乎就是温州江南的方言了，非常的平民化。这本戏虽然演得不多，但是大家都很喜欢看。2005年，团里来跟我商量，要我把这本戏教给学生，但是我迟迟没有教。我说我是很愿意教戏的人，别的都行，但是这出戏要缓一缓，为什么？当年我学这出戏的时候，老师认为我艺术水平和艺术领悟没有到达足够的高度而没有教，不要因为听说这个戏好，就轻易地想学。另外，我学这本戏，学得迟，演出机会也少，加上已经有四五十年没有演这出戏了，教之前我也要好好地把这本戏理一理才能教。教出来的东西要一是一、二是二，不能给老师丢脸的。后来到了 2015 年，我把《当巾》的本子整理完，看到学生有了进步，可以学习这出戏了，才开始教他们。一开始是金海雷跟着我学，金海雷的个子没有我高，为了弥补这点，她问我“我穿布拖鞋太矮了，可以穿高靴吗？”我摇摇头，别的戏都可以，唯独这本痴生戏不行。她又问：“为了显得高一点，我可以在腰间系一根绦带吗？”我还是摇摇头，“这个人物角色不允许系绦带，系了绦带就不落魄了，我只能把你的衣服下摆往上缝一点。”学戏的一开始我比她们先学习痴生步，海雷和晓伟很认真，学得也很用功，只是这个步法她们掌握起来，确实很难。唱腔念白是根据记忆当中杨永棠老师教我的那样教给她们。在教这个戏的时候，上海昆剧团的王胜杰老师两口子来团里玩，一开始还只是随便看看，后来我给学生示范的时候，他们就被我吸引了，到最后我教完的时候，他很认真地说：“这个戏是你们永昆的看家宝，你们现在有这样的老师教你们不容易呀，要好好学。”专业的人眼睛很厉害，是不是永昆自己的东西，一眼就看出来，我听了笑笑，也没有多说什么。后来这个戏汇报演出，演出效果对我来说只能说是差强人意，可是江苏省昆剧院的李鸿良老师看了这出戏后找到我，问：“林老师，这出戏是您给海雷排的吧？”我说是啊，他说：“原来的长度就只有这样一点吗？”我说当然不止啦，他说：“哎呀，为什么不演全呢？”我说这是汇报演出，有时间限制啊。胡锦芳老师在边上听了，说：“哎呀，这样好的戏，应该演全了才对。”看来他们也认可这个戏是好戏。永昆出去演出，别人想看的还是我们永昆经典的原汁原味的独门戏。

采访人：您演过什么小生的武戏吗？

林媚媚：我是学永昆的文小生的，雉尾生只有《小宴》的吕布。永昆没有什么武戏，只有一个《三请樊梨花》。但这也不是永昆的老戏，是 20 世纪 60 年代或者 80 年代从乱弹移植的。偶尔演《火焰山》，就算是永昆的武戏了。我们永昆的小生基本上还是演文戏的，我能想起来的跟武功沾边的就只有一个《连环计》了。

采访人：20 世纪 60 年代你们排了很多现代戏，现代戏在城乡都受欢迎吗？

少女时期的林媚媚

20 岁时的林媚媚

林媚媚：我们进团后没多久就排《红霞》，这是从北昆移植过来的，我演党代表。但是一段时间后又开始演古装戏了。真正比较多演现代戏是从 1962 年左右开始的。1962 年刚刚开始的时候和后来 1965 年现代戏全面占领舞台的时候情况又不一样，1965 年时帝王将相、才子佳人全部赶下台。现代戏是形势所需，演现代戏是每个剧团都要做的政治任务。我们在农村的草台演出和在城镇上的正规戏院演出不同。在城镇里的正规戏院，现代戏是必须要演出的，城里的观众因为经常受政治教育，所以也能接受，一般是一台古装戏加一台现代戏。到农村演出就不一样了，到农村要卖戏单的——我们在卖戏单的时候就说清楚，一定要演一场现代戏。一开始村支书也不接受，说老百姓不爱看也看不懂。我们说这是政治任务。最后双方各退一步，结果是一天现代戏，一天古装戏，但是在现代戏的那一天演出开始前要演一折古装戏。后来在农村还出现过这样的情况，第一天演出现代戏，观众把前面的古装戏看完了就走了，说现代戏没有看头，有的干脆就第一天不来看，等第二天演古装戏才来看。我印象中，在永嘉演出现代戏的时候，虽然是人少一点，但是还没有像别的地方，到现代戏上台观众就起哄的程度。当时的农村干部也有一定的政治觉悟，知道在大的形势下应该要这样做。他们也常常跟村民说，反正我们买戏单已经付了钱了，不管好看不好看，都去看吧。但是城市里不一样，很多时候是大家自己掏钱买票看戏，要他们自己花钱看现代戏就不一定肯了。不过那个时间段并不长，我们排的现代戏也不多，只有五六部而已。1966 年上半年剧团就不演戏了，过了几年我离开剧团后，剧团再怎么排戏我就不知道了。

采访人：您演了五六部现代戏，有生有旦还有老旦，能说说吗？在你们的同学当中，跨行演出的情况多吗？

林媚媚：剧团排的现代戏中，我主演的第一个戏叫《星星之火》，根据真人真事排的，剧中人物叫李英才，原型是瑞安的一个革命烈士。这本戏是从瑞安越剧团移植过来的。现代戏的要求和古装戏不一样。我把自己的头发剪得短短的，像男人一样，又画上了八字胡，因为剧情需要，还要学着叼香烟。这个戏每一个台基都要演，还是成功的，直到团里不演这本戏，我才把头发养长。第二部现代戏是《洪湖赤卫队》，我饰演韩英。我第三部现代戏是从绍剧《血泪荡》移植过来的《血泪塘》，我在里边演一个恶霸，家里有两个哥哥、一个妹妹，老大很刁钻，老二杀了很多人，我演老三，叫雌老虎。戏里身穿旗袍，脚蹬高跟鞋，手拿双枪，涂浓浓的口红。剧团里还演过《红色娘子军》，王友圭演琼花，我演洪常青。我觉得我们演现代戏时观众反应好像也还好，还到福建福鼎那一带去演出过。我们永昆演现代戏也好，演移植过来的古装戏也好，音乐全部改用我们永昆的曲子，主创力量全部是永昆自己人，所以我们的唱腔都很原汁原味。尽管剧本是别人的，但是风格是永昆的。即便是演古装戏，曲牌虽然一样，但是唱法还是不同，用我们永昆自己的声腔。哪怕到现在，上昆的曲子给我，在我嘴里唱出来，也是永昆的味道。

采访人：感觉那时候永昆很红火啊。

林媚媚：我觉得永昆有两个时期最红火。第一个时期是清朝末年民国初年，那时是蒲门生、阿桃等前辈们活跃的时期，我们的老师辈们又刚刚起来，可以说是人才济济。之后的败落是在抗日战争开始后，因为连年战乱，剧团衰败，艺人们各自去到其他戏班搭班。杨银友老师改唱了乱弹，杨永棠老师因为没有昆班可进，干脆就不唱了，所以永昆的各位老师也非常佩服杨永棠老师。谢金宝团长叫我拜师的时候，特别说过这件事情，要我好好地跟杨永棠老师学，夸杨永棠老师肚子很满，东西很正规。“未逾雷池半步”，这是沈沉老师对他的评价，他都是原汁原味的永昆的东西。再后来时势安定下来，那些原来在新同福、老同福昆班中的老艺人很想重组昆班，演员们从其他剧种的剧团里面回来了，像杨银友老师就是从瓯剧团回来的，大家组成了巨轮昆剧团。因为剧团下面青黄不接，所以就招生，招了我们这一批学员。当时不管是老师还是文化局的领导，都评价我们这 26 个学员把巨轮昆剧团老师们的戏接下来、扛起来了。从 1958 年入团到 1961 年那三年里，我们成长起来了。那一段时间，昆剧团很红火，应该说那是永嘉昆剧第二次红火的时候。

采访人：能不能给我们讲讲昆剧团小分队当年上山下乡演出的情况？

林媚媚：这是我们演出多，忙不过来的时候搞的。一方面可以解决群众看戏的需求，另一方面也是为了更快地完成任务。在永嘉的演出有很多时候是政治任务，到革命老区去慰问演出。慰问演出常常是在过年过节的时候演出，我们那时候每年有慰问演出的场次任务，慰问演出的质量没有写戏单的高，常常是到了年底，演出场次任务快要完不成的时候就去了。我和王友圭、吕德明是在青年队，杨银友老师他们是在另一队。爬山是不用说了，几乎每个台基都在山叠山、山重山的深山里。当时有一个说法，那些“千年不闻锣鼓响，万年不见戏上台”的地方我们都要去演。永嘉的山啊，不说百分之百，至少百分之八十我们都爬过了。团里伙食比农民老百姓要好一点，老百姓吃不上米饭，可是我们还有的吃。我不太爱吃米饭，就拿着米饭去跟农村人家换玉米糊、玉米饼吃。一碗米饭换一碗玉米糊，当时还被同学们笑，说我怎么那么傻。

那时睡的条件也很苦，都是借宿在农民家里。条件好的话有大床睡，四个姐妹睡在一张床上，横过来睡。我们也睡过祠堂，很多祠堂都有戏台，女的睡在戏台上，男的睡在戏台下。铺床都是用稻草，有新鲜稻草那就很好了，没有的话陈稻草也要睡。好几次我们是演完戏才来得及去铺床，有时晚上十点多散戏后，当地人把我们带到一个地方，说你们在这打地铺睡吧。第二天起来，发现房间的角落里竟然放了一口空棺材，我们被吓得毛骨悚然，晚上再也不敢到那个房间去睡。走夜路也没有路灯，大家觉得很累，但是我们年轻，也不晓得埋怨，最多会相互感慨：“哎，这辈子什么时候能够演完戏回到房间后，有一张固定的床给我们睡，那就是幸福。”白天出去演戏，晚上回来有固定的床睡，这么简单的事在当时就是我们的梦想。这种生活是其他一些昆剧团不大体会得到的，同样，温州地区的其他剧团，像江南的瑞安、平阳，恐怕也没有像我们这样艰难。我们永嘉昆剧团必须要把那些山叠山的地方全部走完，所以是比较辛苦的。每年都要好几次下乡演出，有时一出门就是半个月，一个台基的时间不会太长，常常只有两天，如果哪个地方能够待三天，我们就觉得很开心了，因为第二个晚上不用赶路了。一个台基演一晚的事情也常常发生，就是今天到这个地方演，明天又换一个地方，到最后一个台基演完，我们常常要求抬戏箱的人把箱笼搬回去，演员们则一起走路回家。有一次，最后一个台基在温州边上的太平岭，演完了我们想想就走路回温州市区算了，当走到太平岭上，高高地看下去，已经可以看到温州市区的灯光了，没想到从晚上 11 点多一直走到了凌晨两点多，可走来走去都还是在太平岭上，下不来。老师们害怕了，觉得是“鬼打墙”了，金弟老师说：“你们靠边站，我来。”他不知道朝什么地方，解了个手，就把“邪气”解了。一个钟头后，我们下来了。我们排台基的路线一般是这样的：从最里边开始，当作第一个台基，一路演出来，最后到沙头，就是最外面的地方。有一次，我们演到最后一站，不知道为什么大家特别兴奋，特别想回家。老师让我们在上塘住一夜，我们也不愿意。那时也没有公交车，大家就步行走到上塘码头，准备坐小汽轮回温州。上了船后，大家都松了一口气，因为再过 40 分钟就可以回到温州了。那天晚上，回到家，大家特别开心。

采访人：你们这么辛苦，为当时的山区百姓们送戏，百姓们爱看你们的戏吗?

林媚媚：山区百姓对我们这些送戏下乡的剧团非常欢迎，对我们特别热情。到了地方，知道我们转台基来不及烧饭，早早地就把吃食做好。锣鼓一响，乡亲们就从四邻八乡跑过来，他们非常渴望专业团体到那里去演出，很珍惜这样的看戏机会。我们演出辛苦，他们来看戏说不定比我们更辛苦，多数都是翻山越岭过来的，走很多路，比我们还不容易。散场之后，他们都举着松枝火把回去，火把长蛇般在山间蜿蜒，转了一道弯，又转一道弯，不知道转了几道弯，最后慢慢地消失在夜色中。很多时候我们也被这样的观众感动，从那么远的地方过来看戏。谢团长有时候也会趁机跟我们说，你看他们看场戏多么不容易啊，你们要好好演戏，好好地为人民服务。我们也挺感动的，他们从那么远的地方翻山越岭过来看戏，全永嘉的什么坑、什么岙、什么坞我们都去过了。要住宿时，女孩子们往往优先安排在农家住，那些农家也很乐意接待我们。有些农家条件不好，这时会把我们安排在粮食仓库里，他们很不好意思地说“我们仓库里的甘蔗、番薯、玉米，只要你们想吃，你们就随便吃”。乡亲们的这种热情让我们觉得很温暖。

采访人：你们一年演出三四百场，在农村和在城市的演出场次比例是多少？在永嘉多还是在外县多？

林媚媚：我们在外县演得多，大部分都还是在江南水乡，也就是老师们的家乡演，特别是瑞安、平阳那边，什么水头、陶山我们都去过，那里可能要占了我们演出场次的百分之八十，只有在过年过节的时候才在永嘉演。后来县里有规定，过年我们必须留在永嘉演，加上一些慰问性的演出，后来慢慢地在永嘉演的比例占到了三分之一。我们还是喜欢在瑞安、平阳演，因为那里的人们熟悉昆剧，老戏迷多，他们对老师也很熟悉，老师在那一带也有名望。在温州市区里，我们演得也不是很多，一年可能也就演十几二十场。

采访人：在江南一带演出，转台基是坐船吧？

林媚媚：是的。一般来说，转台基前，挑箱笼的人会提前一天来，先看一场戏，散戏后就把箱笼挑走，我们第二天一早带着自己的随身物品出发。在江南一带转台基轻松，那里都是水路，我们都坐船。永嘉是山叠山，都要翻山路。对永嘉人来说，他们爬惯了，不是问题，但是对我们来说就很辛苦了。记得有一次我们的目的地是一个叫什么坑的地方，从早上 7 点钟开始走，一直走到晚上 7 点钟。我们问路的时候，他们很轻松的：“喏，就是前面那座山后面。”走了半小时，再问下一个人时，还是照样说：“喏，就是前面那座山后面。”那一天是我这辈子走山路走得最多的一次，切身体会到什么叫“望山跑死马”。到了那边，台下已经挤满了手拿火把的观众，台上煤气灯也点好了。晚上的戏码已安排妥当，正好是我和王友圭主演的，我们俩饭也来不及吃，先化妆。《踏八仙》演完以后就开始演正戏。这件事情我这一辈子都忘不了，太辛苦了，现在想来，都不知道当时是怎么演下来的，真的很辛苦。

采访人：您刚才说到《踏八仙》，那时的国家剧团也允许演《踏

八仙》吗?

林媚媚: 在乡下演出我们还是要《踏八仙》的。看戏的观众有这样的要求，我们就满足他们。不同的地方还有不同的要求，有的地方只要“小八仙”就行，有的地方就比较复杂，要“大八仙”，全班的人都要上台亮相，我基本上都是演天官，有时还要“扫台”，那些杀鸡滴血祭新台什么的，我没有看到过。当然，那时候形势已经变化了，不是每个地方都要《踏八仙》，到 1964 年，“才子佳人靠边站”，这些东西也就不允许了。

采访人: 那时戏班子的后台还给唐明皇菩萨留个位子吗? 演员们还有这样的信仰吗?

林媚媚: 老师们还信。我曾经暗暗地观察，那些跪拜之类的礼节已经没有了，有很多小细节能够反映出来他们还是信仰戏神的。比如装盔头的三担箱上面肯定是放着唐明皇的头盔，他们不会坐的。老师不会明确要求我们去做，只是偶尔口头上会讲一讲。我们年轻演员已经没有这个信仰了，但心里也知道这一个东西。有一次在一个台基，不知道因为什么，老师让我拜，我说不知道往哪里拜，他想了想，说那你就朝着台口拜一拜吧。反倒是近些年来，特别是到香港、台湾去演，他们会有一些讲究。我现在到了当年老师们的年纪了，也会让学生在这方面注意，有时演出前提醒他们去上个香。

采访人: 林老师，1965 年您曾经有机会离开永嘉昆剧团到北京空军文工团，是有这样一回事吗?

林媚媚: 说起这个事，我现在想来也挺感慨的，这要从我的婚姻说起。我婆婆和我母亲是小姐妹，我和我爱人郑西宁也是从小认识，他后来参军成了飞行员。得知我要和西宁结婚的消息时，杨永棠老师就长叹一口气，说:“完了，我们好不容易培养出来的小生嫁给飞行员了，这下要被部队带走了。”因为部队有规定，飞行员结

1957 年郑西宁在北京

婚后家属就要随军。果然，西宁向部队报告家里安排婚事后，部队就派政审人员来我家和剧团了解情况，并通知剧团领导说："结婚后，郑西宁的爱人我们是一定要尽快调走的。"剧团跟部队请求："她是我们好不容易才培养出的骨干演员，不能这么快就调走。"可是部队里态度也很坚决，说："我们飞行员是很严格挑选出来的，国家花了很多心血培养，几乎等于是用黄金堆出来的，纪律是中央军委规定的，不能更改。"

后来，我向团长请了一个月的婚假去北京结婚，谢团长批准了。那时从温州去北京要到上海转车，温州到上海的轮船票很紧张，是部队提前替我把轮船票买好的，我拿着船票提前两天去向谢团长道别。当时剧团在温州城里演出，正好永嘉县委宣传部长施部长要来，谢团长让我也和施部长去打个招呼。没想到施部长来了之后跟谢团长说："你先出去，我和林媚媚同志谈谈话。"一谈就谈了一个多小时，他说我是剧团的骨干，正在挑大梁，领导从政治上业务上都信任我、培养我，愿意帮助我。他们也知道结婚是一件大事，不能阻拦，能不能考虑往后推一推，把下面的人带出来，等他们能把我的戏接过去我再走。翻来覆去也就是希望我能把婚期往后推的意思。县委宣传部长都这么说了，我很为难地说："部长，您看现在轮船票都已经买好了，部队里也知道我要过去，各种准备都好了，现在我又说不去了，这不是开玩笑嘛。再说我突然不去，人家还以为我发生了什么事情。"施部长也很诚恳，他说："轮船票可以退，你把婚期再推到明年吧。"唉，所有的事情都已经准备好了，别人送到我家的贺礼都堆了半个小房间了，怎么推呢？谢团长觉得我们谈了那么长的时间了，忍不住敲门进来想看看怎么回事。我转过去嚅嚅地说："您都已经同意我后天去上海了。"谢团长朝施部长看看，像是为我求情。施部长最后叹了一口气，摇摇头，说："走吧走吧。"第二天我到团里去，谢团长说："昨天我被施部长骂了一顿。"我说怎么了？团长说："施部长说，他看你的脸色已经动摇了，结果我一进去，你捞到救命稻草了，他一个多小时的工作全白费了。"

一个月的婚假后，我就回温州了。回到温州后，部队里的干部每年都来催我去北京，当时我几乎可以说是顶着压力留在团里，因为团里一时半会儿还没有人能接得上我的戏。后来整个国家的文艺形势都发生了变化，剧团里的演出也越来越不正常了，我反倒心定下来，决定在部队里多待一段时间，等团里写信让我回去演出再回去。

1965年正月，我去部队探亲过年，突然师干部科来找我，说他们想把我调到北京去——之前也听说过部队有这样的想法，让我到北京空军文工团去面试，可我内心里都不当一回事。到了文工团后，一位姓罗的政委接待了我，把我带到排练厅，里面坐着四位考官，后来才知道是四个分队的队长。他们问我会唱什么？我说我会唱昆曲，可是你们听不懂，不如唱个《红珊瑚》吧，如果你们能够用钢琴伴奏一下，那更好了。我唱完后，有一位领导说："我们这里有四个大队，京剧、歌唱、舞蹈、话剧，你考虑一下要加入哪个大队？还是说由我们来进行分配？"我那时非常单纯，觉得京剧、舞蹈、话剧三样我都不喜欢，要是歌唱大队是歌剧大队，那我倒是会考虑一下。我就说："四个大队我都不喜欢，我想回去。"罗政委非常惊讶地说："你知道你在说什么吗？你知道这是什么地方吗？因为你是飞行员的家属，你的爱人是非常优秀的飞行员，你才有资格到这边来参加考试，我们对你都非常满意。要知道，一般人根本没有这个机会这样参加考试，你再考虑考虑。"我那时的想法有点乱：剧团演出那么辛苦，我是因为喜欢昆曲才留在剧团，既然永昆演出不正常了，演不了昆曲，何必再去文工团呢，那就干脆和文艺彻底划清界限算了。当时没有仔细考虑，就直接回绝了。罗政委回去后对四个大队长都说了我的态度，没想到四个大队长一下子都过来了，他们说我属于特殊情况，我的条件他们心里都有数，一定要留下来。大队长们说："我们四个大队由你自己选，这样的情况别人是不可能的，最多是他们向我们提申请，我们分配的时候考虑一下。"罗政委说："你不要轻易拒绝，这实在是个很难得的机会，上个月有一个黄梅戏的演员要来，我们看了一下她的条件，没收她。"当时有一位大队长说了一句话，我至今印象很深，他说："我看你就是一块演员的料子，不搞文艺太可惜了，你以后会后悔的。"一回到家属大院，别人听说了这种事情，就说我了："小林，你这个傻瓜，文工团你都不去，你还想要去什么地方啊。你再不愿意，一进去就是少尉，待一年就好转业的。"我丈夫理解我，安慰道："算了，回来就回来吧。"

没把握好这个机会，事后我是有点遗憾的，如果那个机遇抓住了，也许我的文艺道路就会是另外一条了。世事难料，有的东西失去了就失去了吧。这样，我又回到了永嘉昆剧团。回到昆剧团，最高兴的人当然就是老师们了，他们总算放下心了。我在剧团里，一直待到

“文化大革命”开始以后。

采访人：“文化大革命”开始后剧团怎么样了？

林媚媚：“文化大革命”开始，永昆就不再演戏了。但是县里还是要有配合形势的文艺演出，就以剧团为基础，组成了一个文艺宣传队，这样一直维持到1968年。老师们也都回老家去了，看看实在没有希望了，我就把关系从团里调了出来。1970年部队大换防，我爱人从北京军区换到了福建军区，福建军区的空军驻地在南昌，我也跟着到了南昌。那时有句顺口溜，“重工业轻工业，不如电子工行业”。电子工人穿白大褂，是个很干净的工种，我就在南昌无线电二厂工作了十四年。

时间一久，厂里就知道我原来是从事戏曲工作的。“文化大革命”结束后，有一次单位要排采茶戏，缺一个小生演员，我就客串了一下。没想到上台演了之后，他们就认定了：“你身上古装戏的功底真扎实。”后来各种各样的戏曲活动都叫我去，当地文化馆排了《十八相送》《送凤冠》两个越剧折子戏，我在里面演梁山伯和王玉林。那时经过十年动乱，剧团演员普遍青黄不接，南昌越剧团也看中我，希望我能够到越剧团去。去南昌越剧团几次后，我却经常梦见和王友圭、陈欣欣、吕德明这些老搭档们在永嘉昆剧的舞台上演出，有时还梦见误场，一下子就急醒过来了。说到误场，过去在剧团里我只误场过一次。平时都还是很认真的，那一次是演《封神榜》里的《九龙柱》，这个戏里我只要跑跑龙套就行。因为很长时间都不用上场，所以我跑到隔壁房间的床上靠着休息，没想到一靠就睡着了。等到醒过来，发觉不对赶紧就往戏台跑，没想到已经误了场，四个龙套只剩三个了，这下尴尬了。好在老师灵机一动，只安排上了两个龙套，一般观众也没有看出来。虽然事后老师没有严厉地批评我，只是戳了戳我的头，但是我却牢牢地记住了这次失误。勾起了我这些往事，想到不能和王友圭他们一起上台，心里越想越难受。后来我就再也不去了，心里暗暗想，干脆把这些经历、把昆曲全部都忘掉算了。

采访人：您回温州以后很快又去上塘了，您当时看到了什么情况呢？

林媚媚：在南昌的时候，通信不方便，没有电话、手机，也没有什么电视、报纸的报道，很少听到永昆的消息，探亲回来听说剧团先是和京剧团合并，然后又恢复了，恢复后又招了两批学生，当时我心里很开心，心里想，都招了两批学生了，那剧团应该还不错吧。因为每次回来，时间都很短，所以也没机会去看看。1985年，我正式回到温州后没多久，就去上塘了。到了大会堂门口一看，我傻了——原来挂永嘉昆剧团牌子的地方挂了一块“永嘉越剧团”的牌子。正好里面走出来一个年轻人——就是黄光利，那时我还不认识他——我问：“怎么多了一块永嘉越剧团的牌子？”他说永嘉昆剧团已经没有了，现在是永嘉越剧团了，剧团里都是唱越剧的人了。我问他团长是谁，一听，正好是我的一个师兄弟。于是我直奔二楼。现在想来，当时我的脸色肯定很不好看，说话的口气也不好听。我说：“你是昆剧团的人，怎么当起越剧团的团长来了。我们的师兄弟呢，听说还招了两批学生，学生呢？”他叹气说：“走了，人都走了。”我又问：“那我们的服装行头呢？”他说：“服装行头更加没有了。”我说：“怎么会搞成这样？”他说：“改革都好几年了。”我忍不住说了几句难听的话，他说：“媚媚姐，你不要怪我，也不能怪我，整个形势变化了，把昆剧团改成越剧团，是县里决定的，我也没办法。”我呆呆地坐在那里，回不过神来。师弟看到我这个样子，他说不出什么，过了一会儿，他说：“媚媚姐，你在这里吃中饭吧。”我摇摇头说了一句：“这样还能吃得下饭吗？”就站起身来回温州了。

兴冲冲地来，看到的却是这样的场面，真想不到，心酸，真的心酸，什么都没有了。后来有人问起我永昆的事情，我都闭口不言，一开口就掉眼泪。伤心，真的是伤到心了。

李冰导演

再后来，叶德远又来找我和王友圭、陈欣欣要了一些照片，说想给永昆留一点资料，我们都给他了。又过了一两年，温州市里要搞《永嘉昆曲音乐集成》，当时的重点放在音乐曲谱上面，林天文大哥整理了很久，共整理了6本音乐曲谱。那时还有一大批老先生们在，那时要搞资料还是比较容易的。

到了1987年，剧团的李冰老师、唐湜老师到我家通知我，让我去拍录像。那一年是中国艺术研究院和省文化厅来拍，分开来，拍两次，省文化厅是在永嘉人民大会堂拍的，中国艺术研究院是在温州剧院拍的。那时杨永

1987 年中国艺术研究院来温州录制永嘉昆曲，林媚媚在《荆钗记》中饰演王十朋

1987 年中国艺术研究院来温州录制永嘉昆曲，林媚媚在《玉簪记》中饰演潘必正

棠和章兴𡟑老师已经不在了，但是杨银友老师、周云娟老师都还在，学员中我和王冬生、郑淑兰等人参加了。当时一共拍了七个折子：《见娘》《当巾》《牲祭》《赶船》《斩娥》《吃饭吃糠》《约钗闹钗》，杨银友老师拍的是《见娘》，老师的妆还是我帮他化的。那时老师年纪有点大了，记性不如从前，有几处没演好。后来领导提议由我再拍了一次《见娘》，另外我还拍一个《秋江》，演潘必正。那时，我第一次见到了下一批学员中的刘文华，她演《窦娥冤·斩娥》。她的好嗓子给我留下了很深的印象，我还和她半玩笑地说："你个子高，我个子也高，有机会我们也搭个戏吧。"但那时候怎么有机会实现呢。

从那以后，永嘉昆剧很长时间没有动静，好像消失了一样。也有一些戏曲专家不甘心，他们说永嘉昆剧团绝对不能散掉，永嘉昆曲有研究价值。很多老师都帮我们呼吁，包括瑞安的孙崇涛老师，还有永嘉的叶长海老师，永嘉昆剧团的一些人也在不停地呼吁，给领导写信，做很多工作，特别是温州本地的沈沉老师，可以说是顶风顶浪地呼吁。但是那个时候，要把永昆重建起来，几乎是不可能的。沈沉老

永昆部分成员合影（摄于 20 世纪 90 年代）

师不甘心，四处找资料，又为我们写了一篇《永昆的挽歌》。现在想起来，永嘉昆剧团现在能够恢复起来，他们都有着不可磨灭的功劳，为了永嘉昆曲，他们不怕得罪领导，该讲的时候就拼命讲，把大家心里想讲的话都讲出来。告诉领导们，这是昆剧的一支有价值的流派，且有研究价值，不能灭，一定要保存下来。但真正的转机要等到《张协状元》排出来以后。

三、忆《张协状元》

采访人：多年来各位专家一直在为永昆呼吁，它真正翻身要到《张协状元》参加第一届全国昆剧节，能说说《张协状元》排演的前后情况吗？

林媚媚：《张协状元》不是横空出世的，之前关心、爱护永昆的人为了永昆翻身做了很多努力。演出方面可以从 1998 年说起。那时永昆已经完全没有演出了，好像已经完全消失了。1998 年初，温州市觉得南戏研究小组成立了多年，都是剧本研究，那时准备把温州南戏重新搬上舞台，开始搞“南戏新编系列工程”。工程启动仪式

2000 年首届中国昆曲艺术节演出《张协状元》

放在鹿城饭店，孙崇涛老师及很多专家都来了。老师们看到我也很高兴，说："哎呀，媚媚，好多年没有见你们永昆演出了，什么时候有机会能够再见你上台一次啊！"孙崇涛老师是第一次看到我，说："你就是永嘉昆剧团的林媚媚啊。我看过你们永昆1987年的录像，我出国讲学的时候都带着你们的资料，永嘉昆剧很有价值，继承了南戏的很多特色。"中午吃饭，我和张烈老师坐在一桌——那时我还不认识他——同桌的还有王世菊老师、唐湜老师，他们还记得我，说："媚媚，你什么时候再上台呀？张烈老师，你笔头快，什么时候写个剧本让媚媚来演？"我也凑了一句说："张老师，您如果为永嘉昆曲写剧本，我一定演。"其实我当时觉得那不过是一句不大可能实现的玩笑话。

"南戏新编系列工程"开始之后，永嘉文化局挂了一块"永嘉昆曲研究所"的牌。这个研究所是虚设的，所长由文化局副局长兼任，副所长是原来永嘉昆剧团的陈加英，真正上班的人没有，都是临时有事再叫人的。研究所提出来要参加第七届温州市戏剧节，那时温

《南浦》

《赏荷》

《书馆》

州文化局的副局长翁焕新很支持这个研究所，还说会帮我们请一些专家来看，提提修改意见，大家也很受鼓舞。他还对我说："虽然说我的爱人陈欣欣是你的老搭档之一，可我之前没看过你的戏，现在终于可以看一下了，很高兴。"时隔多年再排戏，演整本的人是不够的，想来想去决定排个《琵琶记》的串折本，《南浦》《赏荷》《吃糠》《书馆》四折串起来，角色全部加起来只有蔡伯喈、赵五娘、牛小姐、蔡公、蔡婆五个角色。最后定下蔡伯喈我演，蔡公是吕德明演，蔡婆是王冬生演，赵五娘的扮演者选了 20 世纪 70 年代招进来的陈小萍，牛小姐没有人演。怎么办？向浙昆借吧，就借了当时还叫杨娟的杨崑来，她很年轻，当时才 26 岁，艺术上刚刚起步。《赏荷》里需要两个丫头，一个打扇，一个烧香，又向越剧团借了两个演员。当时研究所没有钱，服装行头都是向温州越剧团借的，借给我们什么就穿什么。公演之前要先进行审查演出，翁焕新局长怕审查专家看不懂永昆，帮我们解释了一番，还说永嘉昆剧能够做到这样已经很不容易了。专家们看了之后，评价很好，一致认为这个戏的艺术水平达到了参加温州戏剧节的标准。戏剧节公演之后，观众特别是一些老观众非常认可，毕竟永昆是有基础的，这次公演我个人得了优秀表演奖。

到了 2000 年，文化部来通知，说要在苏州办中国昆剧节，问我们要不要参加。这是新中国成立后第一次国家级昆剧节，永嘉慌了手脚了——要人，人没有；要钱，钱没有。参加市里的戏剧节，大家临时凑一凑就参加了，但是要参加全国性的艺术节，性质不一样。温州市文化局很重视，找到了永嘉县政府和永嘉文化局，大家一起坐下来商量怎么办。最后温州市文化局拍板，说一定要参加，这也许是永嘉昆曲翻身的机会。

谢平安导演

真的要参加了，演什么戏呢？完整的老戏剧本都找不齐，不可能演老戏。市文化局里就决定请张烈老师新写一本。张烈老师思来想去，决定写《张协状元》。这个戏很长，古本有 53 折，我们人不够，他就从当中摘出一些折子来改编。最后写出来 12 个角色，由 6 个演员来扮演。时间很紧张，通知来的时候已经是 1999 年的下半年了，到 2000 年的 3 月份就要演出了，张烈老师说他用最快的速度把剧本搞好，文化局先去把演员物色起来。

剧本出来了，接下来就要考虑导演，翁焕新局长和谢平安导演接触过，认为他很适合。大家一听呆住了，“这么大的导演，怎么可能会来排我们永嘉昆曲呢？”翁焕新局长说：“没关系，我去请！”他找到谢平安导演，把永嘉昆曲的情况跟谢导说了一下，他还说：“永嘉昆曲的这个戏一定要您来排，可是我们能够付的导演费却是少得可怜。”谢平安导演是性情中人，他对翁焕新局长说：“你来请我，我一定答应！”回过头去看，谢平安导演真是《张协状元》成功的功臣！我们非常感谢他，如今我们也很怀念他。

再下来是定演员。他们决定由我出演张协这个角色，张烈老师和黄光利到我家来找我，坐在我家的饭厅里，跟我说：“媚媚老师啊，我们的剧本、导演都已经定了，看来张协这个角色还得要您出马。”我愣了：“你们不要开玩笑了，《琵琶记》是市里演，我顶一顶就上去了，这是全国的昆剧艺术节，全国性的场面我见都没有见过，更不要说上了。全国的专家都坐在台下，压力太大了，我不能演。我马上就要 60 岁，再说我离开剧团那么多年，腿上的功夫也退了。你们不要开玩笑了。”他们反问了我一句，“你说谁可以？这个戏要保持永昆原有的风格，你说得出来，我们就去请。”我心里盘算来盘算去，最后犹犹豫豫地说：“你们先找一个年轻的小生做替补，瓯剧团的人也好，越剧团的人也好，先找起来。我自己先花十来天的时间把基本功恢复恢复，如果可以我就上；如果不行，那就赶紧让这个小生上。这关系到我们永嘉昆曲的荣誉，不能开玩笑。”他们答应我后，我忍不住又问了一句：“那你看女主角是谁演呢？是不是叫王友圭出来？她是我的老搭档，我们在台上配起来很舒服，对得上戏。”他们说：“我们已经请过王老师了，她身体不好，所以我们请了浙江昆剧团的杨娟。”天哪，杨娟只有 29 岁，比我小 30 岁，她在《琵琶记》里扮演的牛小姐是武旦，没有关系，现在要演夫妻，相差 30 岁，实在是不合适。张烈老师安慰我：“没有关系，男角看起来年纪大一些，观众不会介意。再说你现在看起来很年轻，加上一化妆，不会显得年纪相差很大。”这样我只好先答应下来。张烈老师马上把他的剧本复印稿给我，说：“我的剧本已经好了，但来不及打印。你先看我的手稿复印本，等过一两天谢平安导演到了，我们就到永嘉去集中开会。”

两天后，我们到了永嘉。说开会，连像样的开会的地方都没有，

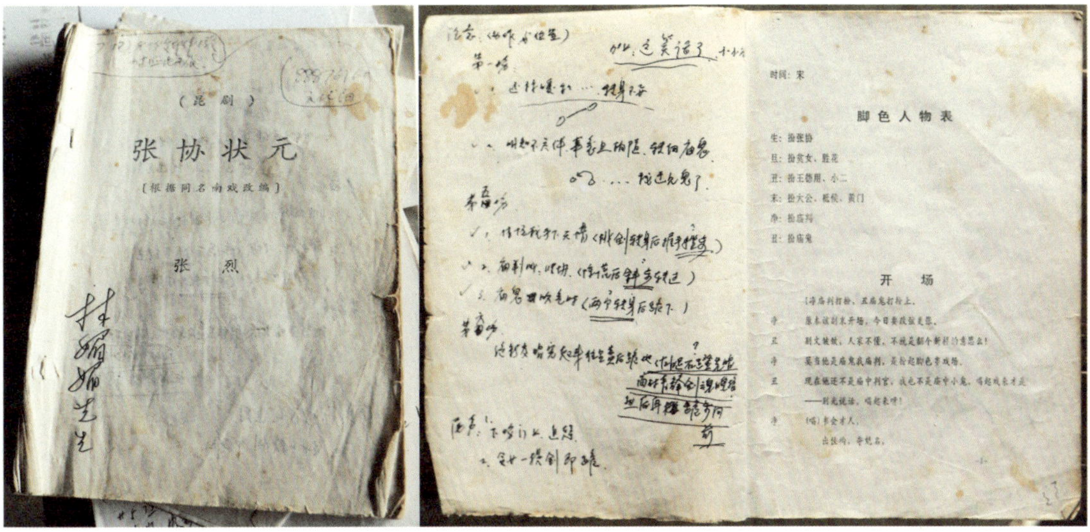

林媚媚使用的《张协状元》排练本

就在一个供销社废弃的大厅里开的。大厅里的水泥地坑坑洼洼，说是给我们当排练场用。八点钟人到齐了，就算剧组正式成立了，那时离《张协状元》正式演出，只有一个多月时间，当中还要过年。这样短的时间排一本戏对现在的年轻人来说是不可想象的，但是我们在五六十年代高强度的排练、演出过程中已经练过了。除了杨娟外，大家都是那个年代过来的，慢有慢的做法，紧有紧的做法，大家虽然心里紧张，但是也不怕。

那天我们第一次见到了谢平安导演。大导演的工作方式、气度和平常人就是不一样，他说："请大家拿出笔，翻开剧本，你们把我关于剧本的修改意见一字不落地记下来，哪里增加哪里减少，全部记下来，我只说一遍，不说第二遍，说完之后就照我修改后的本子来排。明天就开始排第一场，今天下午和晚上你们自己去看剧本，晚上我会让人把曲谱送到你们的房间里。"曲谱也来不及打出来，都是复印的手抄本。我们拿到曲谱后，就赶紧开始哼哼，把主要旋律先哼下来。第二天就开始排第一场，等到第一场排得差不多的时候，第二场的曲谱就预先送到我们的房间，大家利用晚上的时间来背第二场曲谱。我对谢导说："谢导，曲谱实在太多了，我记不住。"他说："我们的进度就摆在这里。要不这样，你实在记不住，就先把情绪把握好，地位摆好，脑子里有一个概念，你自己另外再抽时间去记曲谱。"说实话，我们还是第一次遇到这样又严格又有条不紊的排戏——第一场的排戏时间是几号到几号，第二场是几号到几号，规定得非常紧张，包括哪一天试服装，哪一天拍定妆照，都安排得仔仔细细。他仔细到什么程度？比如我们出去演出，需要复印身份证，还要拍照片。他说我们没有时间去做这些事情了，不能自己想去就去，影响别人进度，就统一安排大家在一个排戏的空余时间去办。这样的排戏很辛苦，有些演员一下子难以接受，想要中途退出，好在最后大家还是坚持下来了。

他很尊重剧种的特色，尊重传统，是了不起的导演。他跟我们说："我对年轻演员要求很严格，但是你们永昆应该有东西，你们老演员们可以发挥你们永昆自己的特色。"同样，音乐上面也要求体现剧种特色，他说："你们的音乐，特别是那些鼓点子，有什么特色只管拿出来，如果你们没有，那再听我的想法。"

他很喜欢我的表演，说："林媚媚排戏的时候，自己有想法，排起来很轻松。"比方说，第一场张协落难时，导演是把张协归在巾生的，走的步子也是巾生步，后来我向谢导提出来能不能用我们永昆的演法来演这个戏，用穷生的演法来演他。我说，这个角色刚刚上场的时候是穷生，不要穿高靴，穿平底鞋，不能演得太潇洒风流。他说："你晚上回去想好，明天你到排练场，把你想要怎么走的样子走给我看，现在我暂时不能答应你。"第二天，我就用永昆自己的步法走出了落魄书生的状态给他看，他当场拍板，说就以我的表演为定。后来这个表演在《张协状元》研讨会上还得到了许多专家的认可，说第一场张协的步法很棒，很有特色，他们是第一次看到这样的表演，应该多拿一些出来，是能够代表永昆的。这和《当巾》的痴生步还有点不一样，走的是穷步。张协在那个情况下，东西被抢，又冻又饿，怎么可能走风流潇洒的巾生步呢，不符合逻辑啊，所以上来应该是哆哆嗦嗦的，风吹过来就瑟瑟发抖。这个地方我知道大家会说好，但是没有想到专家评价那么高。说到这里我又要感慨，张协身上的一切都是从传统当中化用出来的，非常感恩老师那一代人对我们手把手的教导，我身上的东西都是从永昆老艺人身上得来的。后来他们还问了一句话："当时《张协状元》突然一下子那么红，你心里是什么想法？"我非常有底气地说："我们永昆能够这么红，是因为我相信我们永昆的艺术，相信我们老一辈老师的艺术。"在当年那样很封闭的条件下，永昆没有机会能够多露面，如今有了这样的机会，永昆理应得到应有的认可和尊重，我现在的演出是在为我们老师演出，让大家知道，还有永昆老艺人们如此精妙的艺术，如果说他们健在的话，也毫不逊色于“传字辈”等昆曲艺术大家，我现在做的只是把所学给展示出来而已。

在排戏过程当中，我碰到好几个问题。第一个问题是怎么给张协这个角色定位，我琢磨着，他是一个明白大势的人，懂得“识时务者为俊杰”。我抓住他对“名节”和“性命”孰大孰小，在两个场合不同的变化入手：在五鸡山落难时说“性命事大，名节事小”；到了中状元、赫王逼婚时，已然性命无忧了，又把话反过来说“名节事大，性命事小”，这些话在他的心路历程变化中非常重要。中了状元的张协刚开始还像《荆钗记》里的王十朋，心念旧人，拒绝了赫王的要求；但是尝到苦头，吃了亏后又很快变成一个负心郎，对贫女非常薄情，但这种薄情不同于王魁、陈世美那样决绝，否则后面的结局收不起来，无论是拒绝婚姻还是接纳婚姻，都是相当圆滑地表达出来。如果不把张协这个人物的性格变化理清楚，这个人物在舞台上就站不起来。张协人物性格的跨度也很大，身上有冠生的成分，也有巾生的成分。

第二个问题在第五场，就是张协要杀贫女那一段。我接到这个剧本后，看到这一场，曾对张烈老师说：“您写的这个角色很难演啊。”张烈老师说你按照自己的理解来演，我相信你能够领会。我说这里的张协不可能杀贫女，他不是陈世美或者王魁那样绝情、凶恶的人，他逼贫女走是为了他的仕途，他的内心还是有一丝人性的。张烈老师说：“如果你觉得不合适，你看我应该怎么改好。”我想了想说算了，剧本就不要动了，我在表演上下功夫。按照剧本是“如今你已成我肉中刺、骨内瘤、心头病，逼得我与你一剑做个了断，莫怪我手下无情”，就一剑刺过去，这里的张协是个无情的人。在表演的时候，我把它设计成手提宝剑威胁贫女，嘴里念着“我与你一剑做个了断”，但是他说这话时手在抖。看起来是张协要贫女赶快离开，不要纠缠，其实是无心杀她。这个地方是我对张烈老师剧本中张协人物的一个改动。

谢平安导演要求我对张协这个角色加以琢磨，既要把他的利欲熏心的性格演出来，又要演得有文人气，演出格调来。我喜欢钻研角色，从小看戏就喜欢看细腻的戏，一直到现在我仍很欣赏能把人物演出来的演员。我觉得当个演员，应该要演角色的灵魂，把角色的灵魂给演出来，手、眼、身法、步都一样。但是要在相同表演的情况下把人演出来，就像我们老话说的演什么像什么。如果一直是一个路子的

张协与赫王周旋

《张协状元》剧照

表演，不要说自己，连观众也会觉得你有问题。在理解张协这个角色的时候，要用现代人的角色思维去贴近古代人物，这样观众看起来才不会觉得很难接受。

这本戏的成功，有很多人都付出了艰辛的劳动，张烈老师的编剧，谢平安老师的导演，还有市文化局的瞿纪凯局长、翁焕新副局长……我们去演出的时候，有些环节都是局长亲自准备的。如在苏州这场演出的时候，连小道具都是翁焕新副局长亲自关照，像最后一场张协和贫女结婚时所用的红绸结我们出发时忘了带了，就是他临时在苏州的市场上买了红绸亲手扎的。

采访人：《张协状元》的剧本是为当时极度困难的永嘉昆剧传习所量身定制的。它的舞美和演员安排，也是从当时的实际情况出发考虑的。可以说一说这些吗？

林媚媚：永嘉昆剧传习所实在太穷了，简直是一穷二白，所有的钱凑拢来，只有 30 万，戏排完，钱也花完了，就没有钱去苏州了。当时永嘉文化局周万勇局长和永嘉昆曲传习所陈加英就从自己的口袋里掏钱，每个人掏了 5 万，一共凑了 10 万，才能去得成苏州。大家都是出于成事的心态来抢救永嘉昆曲。我们把每一分钱都用在刀刃上，像舞美上面，别的剧团都有很多道具，《张协状元》只做了一个高台，如舞美两边做了四个屏风，连桌椅都没有，用真人代替，后面就是干净的天幕，没想到这些效果也很好。

当时这个高台大概有七八十公分高，我们穿着高靴不好走，对我和赫王的表演是一个考验。好在排练之前，我已经开始恢复练习腿功，每天起床后就开始穿着高靴，不管是做什么都穿着它，一直到晚上睡觉才脱掉，腿功总算是恢复了一些。刚开始排练时，高台还没做好，一直到响排的时候才做完。到响排时，我手持马鞭跑上跑下，心里还是有点害怕的。特别是第五场，张协面对贫女，一只脚站在高台上，人是斜的，很难站稳。整场戏里对我考验最大的地方是最

2000 年，首届中国（苏州）昆剧节林媚媚留影

后一场贫女生气地持剑回砍张协，贫女一剑劈下来，张协需要一个360度的翻滚。滚了之后，还要“啪”地站起来，那还是需要一定腿功的。但是在排戏的时候，仓库的水泥地上还真的不好滚。我找来找去最后在文化馆的一个旧舞台上试着滚，几次练习后基本上可以了。

我举个例子说明当时永昆难到什么程度：《张协状元》参加全国昆剧节，说明书只印了不到两百张，用的纸也是很差的纸，现在连我们手上都没有了。现在回过头来想想有点后悔，我们当时应该再借点钱，稍微搞得好一点，再穷，外面的门面也不能塌掉。不过这也是现在时隔多年再说的话，当时真的没有想太多，我们的想法很单纯：演出不是为了自己，是为了永昆，是为了我们的老师，是为了要把永昆的东西展现给全国的昆曲界人士看，让他们知道我们永昆是有东西的。再说一个例子，我们在温州彩排的时候用的水发是从瓯剧团借的，到苏州去的时候，瓯剧团自己有演出，我们就没有水发了，最后黄光利在开演前问苏州昆剧院的尹建明老师借了一支水发来。那支水发用起来很舒服，是我这辈子用过最舒服的水发。当时带队的永嘉县文化局的领导不是很懂戏，但温州文化局的翁焕新局长做舞台监督，上台前，他发现最后一场结婚时用的红绸没有了，又赶紧跑到市场上去买了红绸，自己扎出红球。如果没有他这么的细心，我们这场戏也是演不下来的。

采访人：当时到苏州参加昆剧节的时候，永嘉昆剧传习所并不被主办方看好。

林媚媚：我们去演出之前，很多专家都不知道我们永嘉还有昆剧，甚至有点看不起我们，认为我们连剧团都没有，只有一个传习所，能有什么好戏，就给我们排了一个下午的场次。有的专家来看戏前，也并没有抱太高的期望。我们知道我们比不上大剧团，心态也很好，并没有说一定要得奖，只是要让人家知道我们永嘉昆曲还在就好了。我们在台上演得很忘我，到最后全部演完，也没有特别关注台下的反应，没想到观众们说越看越精神。演出当中，观众的笑声没有断过。我们觉得应该有效果的地方都出来了，台下有很多掌声反馈，但这并没有分散我们的注意力。到演出结束后谢幕，下面的所有人包括专家，还有上昆的一些同行都在不停拍手，真是出乎我们意料。

谢幕后就是关大幕了，没想到掌声热烈到大幕关不上了！那天下雨，很多人带了雨伞，他们就用雨伞在地板上“咚咚咚”地敲，代

2001 年，《张协状元》晋京演出，时任文化部副部长的潘震宙（左一）与时任国家文物局局长张文彬（左三）与演员亲切交谈

替鼓掌声。这样，大幕关上又拉开，关上又拉开，关了四次才最后关上。最后大幕合上后，有人跑到台上，让我们签名。有两个人因为没有带签字的纸，干脆就把自己的衣服掀起来，露出里面白色的衣服，希望能在他们的衣服上签名。签完之后，我们准备下场，没想到后面又有人跟上来。有一位准备采访的记者说："你们下不了台，那就不要下了，我就在台上采访你们吧。"他让我说几句，我一开始说了几句感谢的话，感谢专家，感谢领导，感谢各个剧团对我们的支持等等，最后我说到我离开昆剧团已经 30 来年了，记者就问我今年多大，我说我已经 59 岁了。记者很惊讶地说，他还以为我只有 40 多岁，说我化妆起来一点也看不出来。最后我又说："我希望永昆后继有人，希望下一次昆剧节站在舞台上的不是我，而是永昆的下一代，这是我最大的期望。"演小鬼的黄宗生是瓯剧团的演员，流泪了，他说："我也是从小就进剧团，演了不少戏，但是能够把观众打动到这个程度，却很少遇到过。"

那次我们参加演出的一共六个演员，五个演员得了奖。我和王成虎得了优秀表演奖，其他人都得了优秀奖。后来听郭汉城老师说，他觉得这次会演里《张协状元》是实际上的第一名。最后为什么《张协状元》不是第一呢？你想想看，上海、北京和东道主苏州不是应该要排最前面呢，所以我们是排在第四，其他的昆剧团都排在我们后面。不管怎么说，我们一个连剧团都够不上的传习所，能够排得这么靠前，就已经很能说明问题了。从那以后永嘉昆剧就重新得到社会的认可了，温州也好，永嘉也好，就对传习所有了信心了，再后来就成立了剧团。于是就有了这样一个说法："《十五贯》救活了一个剧种，《张协状元》救活了一个剧团。"

采访人：从那以后《张协状元》演出了很多场吧？

林媚媚：很多人都很喜欢《张协状元》，所以就演得多。2001年初，我们去了台湾，但是去台湾的时候很艰难。那次是台湾的新象文化基金邀请我们去。去之前，我们申请剧团出访的经费申请得很艰难。我有个朋友是搞园林的一个老板，认识钱兴中市长，他说："要不就向市里要，我介绍你认识钱市长。"那时政府重视经济，企业家和市里领导经常在一起开会，常常打交道，要见到市长比较容易。他说："我带你去找钱市长，但是我只负责带你进市长的办公室，申请经费的事情你自己说。"于是，我和黄光利还有永嘉文化局长周万勇一起去见了市长，市长说："你们的《张协状元》在外面很有名气，给我们温州争了光。"我们就把情况跟市长说了，说台湾邀请我们去演出，可是我们没有经费。市长没有马上答应，说："我知道这件事情了，我考虑一下，过几天再到我这里来，我给你们消息。"过了几天到了约定的时候，我们又去了市长那里，当时市长要出门，我在车门前把他拦了下来，说："市长，前几天您刚刚答应我们的事情，别忘了。"他说："你放心，我答应永昆的事情我一定记得。"然后转身跟边上的人说，"特事特办，拨10万块钱给永昆解决这件事情。"这样我们就通过钱市长申请到了10万块钱，再加上县里又补了一些，算是把来回的路费解决了。去了之后，我们才知道那次演出主题是"跨世纪千禧昆剧精英大汇演"，一起演出的有上海昆剧团、江苏昆剧团、浙江昆剧团，还有台湾的两个昆剧团，演出的地方是在台北市新舞台。其他剧团演的《长生殿》《牡丹亭》等，都只演了一场，唯独我们《张协状元》演了两场。台湾的学者曾永义老师解释说，一方面因为《张协状元》来自南戏发祥地，是目前知道最古老的剧目；另一方面我们在昆剧节演出时可以说是出类拔萃，从这两方面出发，所以演了两场。

2002 年我们到北京去演出，先在长安大戏院演，演完以后到北京大学再演一场。有一个欧洲留学生找到我们说："你们要去北京大学，能不能请你们的车子带我一段？我的学校很远，如果我骑车回去，到学校太晚了。"回去的路上，他说一直跟着我们看我们的戏。2003 年的时候，我们到香港参加香港国际艺术节，是在香港大会堂演出，有一位香港中文大学的老师找到我说："林老师，这次你们到香港来，太好了，这是我第四次看你们的戏，之前你们在苏州、温州、北京三次演出，我都坐飞机去看了，这次到香港来，我终于可以在家门口就看到你们的演出了，这个戏真好。"那次演出前，影视大亨邵逸夫先生——他也是浙江人——还在他的私人花园专门宴请我们。

《张协状元》得到了很多人的喜欢，其中还有日本人和韩国人。他们都邀请我们去日本和韩国演出，但是我们没有去成。日本人就用

2003 年，在香港演出，邵逸夫老先生设宴招待合影（自左：林媚媚、邵逸夫、方汝将）

我们的剧照做了日历来送给我们。韩国打了很多次电话，但是团里面不敢答应，因欠缺经费。那时我和张烈老师说："唉，先答应下来吧，经费我们自己再想办法。"后来听张烈老师说，韩国没有请到我们这个原版去，就拿了改编权，用他们自己的戏剧形式排了《张协状元》。

为了《张协状元》，我们就是这样的辛苦，但是我们什么都不计较。你看，从《张协状元》开排到最后演出，我们一分钱都没有拿到手，更不要说什么补贴。排戏时从温州来回永嘉的交通费都是自己掏的。听说后来得奖了，有几万块钱，那些奖金就用来填补前期的亏空、置办服装。我们知道这些奖金填补都不一定够吧，所以这些奖金的去向，我们一句都没有问过。应该这么说，只要永昆能够上去，为了永昆，我们做什么都心甘情愿，一句话不会说。可以说这一路走来，大家都是全力以赴，全心付出的。

采访人：演出中您个人也收获了一批粉丝，听说 2014 年去香港演出的时候，团里本来是让别人去演张协，没有想到香港点名说让你去，不去不行。

林媚媚：这个事情要从 2013 年说起，2013 年北京搞的一次全国昆剧调演，团里派了年轻人去，叫作新版《张协状元》。那时我已经教过胡维露、冯诚彦、金海雷、杜晓伟四个学生了，我觉得我也可以把这个担子放下了。没想到到了第二年，有一天团里来跟我说："林老师，有件事想要跟您商量啊。"我说："什么事？"他们说："我们今年 7 月份要到香港去演出，香港指名要您来演张协。"我说："哪有这样的事啊，你就回他们说我年纪大了，身体不好。你把维露的录像寄过去，就维露来演。"他们把维露的录像寄过去后，没想到香港又电话打过来，仍然坚持说要我去。我很奇怪，说："你难道没有告诉他们说我身体不好吗？"他们说："香港那边不同意，说'林老师一定要到，哪怕只演几折也可以。'我们实在回绝不了。"我考虑再三，是演几折还是演全本，最后狠狠心，说："好，就当这是我最后一次演《张协状元》，答应他们！"后来组织方告诉我说，他们在 2000 年的时候就已经在苏州看过，印象很深。2003 年我们去香港演过一次，时隔十年，他们决定再邀我们过去。那次演出是在弥敦大道上的一个剧场，听说观众买起票来不是一张两张地买，而是 40 张、60 张地买。后来我们演完后，很多市民想到后台来看一看张协状元的扮演者。香港的剧场有规定，后台不能拥进太多的人，于是剧场决定只能派代表进来。当时我正在卸妆，他们找到我说："林老师您演得真的很棒，外面还有很多观众，我们代表外面的观众进来，演出的时候剧场不允许我们拍照，我们想现在跟您合个影。"

采访人：重返舞台时您57岁，这对一般的女性来说已经是退休的年龄了，家人对您的这个决定是什么态度呢？

林媚媚：家里人有一个转变的过程。1984年我回到温州，进了电子仪表厂，在质检科搞质量把关。温州是全国改革开放的前沿，飞机场自己建，铁路自己建，什么都走在前面。我要回温州前，南昌的那些老同事都说："哇，你要回温州啊？温州很有钱，听说是银元在地上滚的地方呢。"那时温州很多人都下海了，不少单位里的人也停薪留职，出来自己干。当时温州还有十大民营企业，什么海螺集团、东方集团……那里的工资比在公家单位要高好几倍。那时我在电子仪表厂的月工资是64块，在工人里算是很高的了，可是和民营企业里面的人没法比。到了1987年，仪表厂不少工人跳槽去了私企。眼看着他们的收入翻了好几倍，我也心动了，等30年工龄一满就办了退休。闲了一段时间闲不住，1989年就到海螺集团质检科工作，民营企业不讲究什么年龄不年龄，只要能力强就行。后来我还提到了中层干部，做过外贸部的经理，在那里还做出了一些成绩。但是外贸部搞销售太辛苦，要不停地和人家磨嘴皮，要去求人家，我不大愿意做这种事，累。

1994年，在海螺集团工作的林媚媚

到了1995年，考虑到我年纪不小了，加上家里需要有人照顾，我就从海螺集团出来，去了稍微轻松一点的旧城拆迁改造指挥部。到了1998年，我们开始排《琵琶记》。演完《琵琶记》，我换了个新的地方，没想到我第一天去报到，第二天张烈老师和黄光利就到我家来找我演《张协状元》，我心里掂量了一下，权衡了一下，最后决定把工作辞掉，一心投入到《张协状元》中来。

有人问我，当时家里人有没有反对的。我说不光没有反对，还很支持我。特别是我爱人，他知道我多年来一直都把永昆藏在心里。他对子女

20 世纪 60 年代郑西宁和林媚媚合影

说过："我有两点非常感激你们的母亲：第一，我因为工作关系经常会遇到一些动歪心思的人，但是，有些时候你们母亲替我把这个关把得很牢；第二，过去我是飞行员，为了能家庭完整，为了遵守部队纪律，我耽搁了你们母亲的艺术生涯，她不得不离开了她心爱的舞台。"我的丈夫不管在部队里还是在地方上都是很严谨的人。在部队时，是正营级的全天候飞行员，部队里的保密制度很严格，到了部队后，有时只知道他去执行任务了，整整一个月都见不到他，也不知道他去飞哪儿了。我去队里探亲，属于临时家属，可以走动的地方比那些常住家属要大一些，也可以去营房看一看。有时某一位飞行员有一段时间没有回来，他的家属便会跟我说："小林，能不能请你到前面去探探情况？"其实就算我去看了，队上也不会告诉我他们发生了什么事情。他复员后成了一个很正气的地方官员。他回到温州正赶上人民路拆迁，上面让他做副总指挥。亲戚朋友有一些要求，想要托关系，都被他拒绝了。他很正直，正直到大家都说他很死板。温州的人民路改造多么大的工程啊，多少拆迁房，多少工程，多少人找他，他全部都回绝了，要求招投标，走程序，说看他们的实力来做。后来师母告诉我，当我正式从永昆办理手续调走之后，杨永棠老师叹了一口气，说："唉，培养了这么多年，没想到还是走了，像这样好的永昆小生，很难再有了。"听师母说这句话，我的眼泪差点就掉下来，我也很心酸，我一走不是我一个人的事，这一走把老师的心血也浪费了。杨永棠老师是话不多的人，他这样说实在是心里憋不住，最后才流露出来的。其实我爱人一直是支持我，理解我的——照理，我们结婚以后他可以要求我马上到部队去，我一直都不肯去，他也不勉强我。直到 1966 年，剧团基本停演后，我的同学们也说："媚媚，现在剧团这样了，你可以去部队了。"但是我心里还是幻想着形势能好起来，最后到了 20 世纪 70 年代是再也看不到希望了，才离开了永昆。他懂我对永昆的感情，所以当我重返舞台的时候，他是二话没说就支持我的。

采访人：《张协状元》的作曲手法用的是"九搭头"，请就您的了解给我们讲述一下吧。

林媚媚：“九搭头”的学问就多了，你要采访林天文老师，他是作曲，如何用“九搭头”作曲的事应该问他。作为一个演员，我知道“九搭头”都是用在农村演出民间俗本戏时才有的。这些戏是大家编的、情节通俗的、趣味平民化的剧本，没有文言文的唱词，都是家庭伦理戏，剧情热闹有趣，农民喜欢看，演员演起来轻松。这些戏我们师辈没有专门教过，因为简单，看看也就会演了。我们以前演过的有《合莲花》《紫金鱼》《虐媳报》《巧相逢》《打郎屠》以及一些小戏。这些戏的曲子比较简单，都是大家平时都在用的、很熟悉的曲牌。那时我和杨永棠老师一个队，有一次在人少的台基，正好是下午场，他说：“媚媚，下午的《合莲花》你来演吧。”我说：“老师，这个戏你没有正式教我啊。”他说：“你都看那么久了，还不会演吗？你看这里是【五供养】，这里是【山坡羊】，你就这样套，那样套……套错了也没关系，后台会帮你补的。这次不会，下次就会了。”这样几次一练，大家都会了。

采访人：有人说永昆是草昆，跟这些路头戏有关系吗？

林媚媚：“路头戏”，我们从来不说这三个字。我们是昆剧，最高档次的剧种，哪怕是民间俗本戏也是经过艺人不停修改才保留下来的。这些民间俗本戏是前辈艺人为了生存才编出来的，也不是说大家随随便便地凑起来的。所有永昆的人都知道勘定本和俗本的区别。俗本从来不进剧场，就连在农村的台基，也只是在白天演。

人家怎么说我管不到，但是我一看到“草昆”两个字就不高兴，不能说永昆是草昆。因为永昆毕竟是几百年传承下来的，也是一脉相承的。它是昆剧中的一个流派，一个支脉。这个看法我是不同意的。永昆是雅俗共赏的，“草”字绝对不能用来说永昆！也有很多记者跟我说这个，我一直坚持自己的看法。从历史渊源来说，永昆是昆曲的一个支脉。

永昆中有很多文人戏。它可以在豪门大户中演出，演出高度程式化，很标准。他的剧本、音乐、表演都是南戏风格的体系，这既是温州的戏，又是昆剧的流派。昆剧中有京昆、苏昆、湘昆，我们就是永昆，四大南戏“荆”“刘”“拜”“杀”，我们永昆都能演。只能说像《紫金鱼》《合莲花》这些属于民间俗本戏，是其他流派没有的，在乡下演出得比较多。永昆分得很清楚，乡下戏归乡下戏，城里的戏归城里的戏。只是因为地域所限，我们下农村多一点而已——在巨轮昆剧团没有划到永嘉之前，剧团大多是在江南水乡演出。温州是中等城市，大户堂会也经常去。

老话来说，“平阳出戏子，瑞安出才子”，温州的江南一带，懂戏的人很多，文人也很多，都懂昆曲。我们永昆的前辈很多都是识文断字的，能写诗，能画画，是有文化底蕴的人。像濮岩昌和陈花魁两位老师肚子都是很饱的，无论是一板一眼的还是一板三眼，都非常讲究，一拍都不会错。他们都是用工尺谱，一代一代传下来，不是像草台班那样草草而过的。我们念白发音偏向于温州口音。但是我们也讲究平、上、去、入——很多地方戏是不计较这些的——像中州韵、尖团音，还是很讲究的，而不是用温州土话。所以说永昆是昆曲的一个流派，是南戏遗存下来的一个地道流派，包含古时的、温州的韵味多一点，用雅俗共赏来形容它更贴切。

昆剧用曲牌，我们也用曲牌，昆剧分南北曲，我们也分南北曲。像我们的《金印记·投魏》里面，张仪和苏秦几次考都考不中，有一段【武陵花】要连续表演36个动作，用来表现苏秦决心很大，大意是这次如果我再考不中，我就决心不再回家。这里的一段唱腔长达18到20分钟，一板一眼非常地道。我在努力回忆这本戏，如果能把这本戏恢复出来，会是一个很好的教学材料。这一段唱哪个字，配合表演哪个动作，无论是一个进步，还是一个退步，都是定的。这些都是很规范的。我当时先是跟杨永棠老师学这折戏，杨永棠老师跟我说，他是演张仪的，杨银友老师演苏秦。他们说动作你跟我们学，但是因为我们年纪大了，所以唱腔不大好，你的唱腔去跟濮岩昌老师学，他的唱腔非常地道。我去跟岩昌老师说，岩昌老师很乐意教我，还教我工尺谱。我当时觉得工尺谱很难，他点拨了我一下，也会用了。所以不能因为有一些专家说永嘉昆曲经常在山区演出，在草台上演出，就是草昆。永昆是昆曲的一个地方流派，这也不是我一个人的观点。所以每次有人问我说永昆是草昆吗？我就很明确地跟他说这个观点。

四、谈《见娘》

采访人：林老师，您从艺以来演过很多戏，偏爱其中哪些？

林媚媚：因为时代的原因，我在台上的时间不算长，演过的剧目包括老师们传给我们的、我们移植的，还有我们创排的，大大小小算起来大概有20多个，这里面不包括现代戏。演得比较多的有《琵琶记》《荆钗记》《拜月亭》《白罗衫》《长生殿》《桂花亭》《金锁记》《玉簪记》《白蛇传》《蜃中楼》《墙头马上》。演得比较多的是南戏系列，“荆”“刘”“拜”“杀”。其中《杀狗记》不是我们老师传下来的，是永昆重新成立后再排的。孙华这个角色是维露演的，她去上海后没有人演，有一次到乡镇去演出，我顶她一场。

说到偏爱，除了《长生殿》的《惊变埋玉》外，我还喜欢《荆钗记》《绣襦记》《桂花亭》《白罗衫》《墙头马上》……还有一本《蜃中楼》我也很喜欢，是杨银友老师传下来的，但是现在没有剧本了，我很想把它恢复出来传给学生，这些年我一直在找这个本子。这本戏里面有一种楼步，上楼和下楼都不一样，很有永昆的特色。

采访人：您刚才说了很多您偏爱的剧目，您能以您的代表作《见娘》来说说您的表演艺术吗？

林媚媚：《见娘》和《当巾》两出戏分别是杨银友、杨永棠两位老师的代表作之一。作为他们的学生，我觉得应该要学，而且要精学才能对得起他们。

先说杨银友老师的《见娘》，在全国的昆剧界当中，大家对他评价都很高。在1958年我们去上海演出后，大家就认为它是永嘉昆曲的代表作。杨银友老师刻画人物内心那么细腻，表演动作那么到位，再配上章兴姆老师的老旦配合得那么好，在我们这代人看来，他们是无可超越的。【江儿水】里，杨银友老师唱到王十朋怀念钱玉莲的那几句唱腔，非常的悲情，很多人看到这里忍不住要掉泪。我曾经看到一篇关于杨银友老师的文章，里边写到旧社会里因为他是戏班的台柱子，出去演出就不能随便回来。后来师母病了，他也不能轻易回家，等他知道赶回家后，师母已经断气了，丧妻之痛深深刻在他的心里。他有这样一段经历，所以演的时候非常有真情，很真实。在东南剧院演出的时候我还年轻，只有19岁，只是一招一式地把老师的形体动作学下来，学了一个皮毛。没想到，唱到【江儿水】的时候有一段“喂呀妻呀”，我往台下看的时候，第一排的观众竟然流下了眼泪。这样我就有信心了，在演出这本戏的时候，杨永棠老师也很关注我，所以我一定要把这本戏学好，不能有愧于老师。这么多年下来，也一直在琢磨这本戏，根据我自身的条件，不断提高，不断完善这本戏。

前几年，我考虑把这本戏的演出体会写出来，要告诉看这篇文章的人，怎么样演好《见娘》。因为时间有限，我就从王十朋的“三

林媚媚在《荆钗记·见娘》中饰王十朋

思”“三喜”“三疑”“三哭”出发，也就是王十朋情绪变化的角度入手分析，讲讲这折戏。

先说“三思”，就是三次层层递进的思念，也是《见娘》的开头，王十朋上来还没有见到母亲的一段。他先上来念了引子，“一幅鸾笺飞报喜，垂白母想已知之”。告诉观众的是：“我一封家书已经递寄过去了，想来家里的母亲也已经知道。明明已经寄出数月了，可为什么还没有音信回来。”表演是往前进三步，放袖子，再退三步，坐下来，念定场诗：“雁塔题名感圣恩，便鸿早已寄佳音。思亲目断云山外，飘渺乡关多白云。”这是第二层思念，意思是“隔千山万水，我的书信到了，可是人没有来，眼睛都望穿了，只看到白云一片，一层隔一层的云山。”最后一句告诉长班：“长班，家眷到时，即便通报。”起身念两句“虽无千丈线，万里系人心”，这三层思念是“三思”的收煞，带点惆怅，表演是慢慢往后退，下去。这里三层思念，情绪是一层比一层递进的，需要有层次地表演出来，我叫它“三思”。

接下来说一说王十朋见到母亲时的“三喜”，第一次喜是长班请王十朋上来，他还不知道母亲来，所以很平淡地问长班：“何事？”长班回答说：“家眷到了。”这里，王十朋一个小蹉步，心里一喜，他已经是状元了，仆人面前不好露出太大的反应，所以只是一个小蹉步，心中发悦“怎么，我的家眷到了”，便说“先着来人进见”。控制住自己的情绪，转身暗喜，这个喜表现得还比较平和，一边抚着手掌，一边说：“可喜呀可喜。”意思是我的家眷到了。这是第一喜。看到李舅和长班的反应是不同的，看到李舅有一个小小的激动，刚才还是微微的喜，现在看到李舅高兴了，也放开来了——李舅参拜他，他搀扶起李舅，声调是高一点，高兴地说：“李舅，快快请起。”然后让家院开正门迎接母亲和妻子。这是第二喜。吩咐开了正门迎接母亲和妻子时，这里有一个表演和别的剧团不一样：开了门之后，王十朋抬腿跨步出去，一直低着头，为什么要低着头跨步出去呢？这要体现王十朋对母亲非常的孝顺和有礼貌，也是为下一段表演做准备。下面的表演就有意思了，他一边低着头出来一边说：“孩儿十朋迎接母亲。”他知道母亲是在了，因为低着头看不见母亲在哪里。但母亲没有回音时，他左右一看，母亲不在，忍不住声音变高了，叫道：“母亲在哪里？我母在何处？”这时老旦在上场口接叫了一声“十朋”。王十朋听到母亲的叫声后，因为很久没有见到母亲，突然听到了母亲的声音，非常的兴奋，到了非常惊喜的程度。这里杨银友老师用了一个急促的点步，哒哒哒哒走上去，跪倒在王母的前面，这就是永昆很有名的“麻雀步”。“麻雀步”是文化人叫的，我们演员还是比较习惯地叫“点步”。这个“点步”只有在《见娘》这一折当中才用到，而且也非常有特色。什么意思呢？我们认为，从表现上来说，就像一个刚刚断奶不久的小孩很久没有见到母亲了，着急地找母亲，好不容易看到母亲了，就哒哒哒哒，摇摇晃晃地跑上去，一把抱住母亲。从样子上说，这样的走法有点像麻雀的样子，麻雀是不会四平八稳地走的，都是小碎步蹦蹦跳跳的。观众在这里能够感受到王十朋满心的欢喜，这是一种彻底放松的欢喜，就这样完成了“三喜”。

“三喜”过后就是“三疑”，第一次疑是王十朋看到李舅扶着有点失态落泪的母亲进去，王十朋很快自我安慰道，那是久别重逢后的眼泪。母亲进去后，她原以为钱玉莲会紧跟过来，没想到左右一看，钱玉莲没有出现，还以为钱玉莲落在后面，一转身便叫李舅：“李舅过来。”因为李舅的身份不同于普通的仆人，所以他对李舅的口气是非常和蔼的：“小姐呢？”这里的一个语气动词“呢”，是用不同的语速和音调念出来，是有不同的含义的。王十朋要追问，李舅被王母发现了，王母便一声“十朋”，打断了他的追问，让王十朋跟她进去，这是第一次疑。这时，王十朋还是比较坦然的，想着钱玉莲肯定会来，没有多问便跟着母亲进去了。当他又一次看到母亲哭时，便问了，“今日母子重逢，合当欢喜，为何闷闷不乐呢？”于是决定再问李舅，再问李舅时，他的脸上已经没有了笑意，这一次叫“李舅”的时候是很简单、干脆的，接下去就问：“今日母子重逢，合当欢喜，老安人为何闷闷不乐呢？”永昆的艺人们认为母亲在上，总是去关心自己的妻子，像是沉溺于儿女私情，是不大上台面的事，借问母亲来套问钱玉莲的情况，李舅就撒谎说：“想老安人在路上受了风霜，故而如此。”王十朋把李舅的话复述了一遍以后，又朝李舅的脸上看看，心里想不对。王十朋是聪明人，这个时候，他悟到钱玉莲是肯定没有来，便说我也知道了，他与李舅各自转半个身。到这时王十朋知道钱玉莲肯定没有来，想着说不定有什么事，于是说了一句：“非也，我知道了。”李舅很担心，追着问了一句：“状元也晓得什么了？”王十朋就唱：“莫不是我家荆，看承我母亲不至诚？”意思是，我知道了，是不是婆媳关系不和，照顾母亲不周到。李舅说：“小姐在家，尽心服侍老安人是不离左右的。”王十朋说：“小姐在家，尽心服侍老安人是不离左右的。”这里有一个蹉步，配合点子“答”。这时王十朋情绪就出来了：“家里发生了什么事，为什么一点不肯告诉我？是不是钱玉莲住在岳父家里，受到了什么委屈？”然后王十朋唱了一句：“啊呀，亲娘呀，分明说与你儿听。”在“分明”这里要一个顿步，同时把水袖甩出去。王母骗他说：“是你妻子身体不好。”王十朋一听很着急，把李舅叫过来问：“小姐在家有病么？”这里要注意声调是很关切地问而不是普通的。李舅说“已经好了”，要舒一口气，说“谢天谢地”。这里要体现出王十朋感情变化的层次。王母再安慰他说因为家里有事需要钱玉莲在家帮忙，所以岳父派李舅先送她过来。王十朋听了放心地说："哦，那我就先告退。"这是第二次疑。这时，王母是要有一个变化的，看到儿子和媳妇感情这样好却不能轻易告诉他，几乎就要掩盖不住自己的感情。章兴娒老师在这里演得很好，一层一层地根据王十朋的反应再流露出自己的反应。王母的这一下失态让王十朋又起了疑心，这是为何呢？家里面肯定出了什么事而且肯定是大事。"三疑"当中有两下是要用到水袖，第一次疑是很客气，第三疑就不满了，你们明明知道，却瞒着我，不告诉我。干脆我就敞开来问："李舅，过来！你把家中之事，细细说与我知道。"这里就是第三疑了。他对李舅也有不满，母亲不告诉我，你也不告诉我？所以他的口气是很严厉的，无意中摆出了主人态度和官架子。李舅这里也要把戏做足：看到王十朋脸色变了，严厉地问他，表演出有点怕地问："状元爷，何事？"这里，李舅的戏也很重要，一点配不好，戏就接不上。所以我常常说这个戏三个人都是主角，一个都不能少，他一来我一去，很黏，是个三角撑的戏。

王十朋对李舅责问的这个"三疑"时，李舅不小心说出了一个"惊"字。这时李舅就开始辩解了，李舅心里也很犹豫，要不要告诉王十朋，于是他向王母看了看。王十朋马上转身向母亲说，李舅说出了一个"惊"字呀。这时的王十朋已经有点预感了，是不是已经出了什么不正常的事。这时，他需要用带一点点颤抖的声音说这句念白。一下子不能回答他，跟着说了一句，这"惊"字后面有个拖音，"哦……"但是仍然没有告诉他。并且唱了一段。这时王十朋已经完全不相信了，往后一个踮步，帽翅大幅度地抖动起来，内心活动非常激烈，完全不相信母亲和李舅刚才说的话。跟着退步，帽翅上下起伏得非常大。这时，王十朋就有一段唱，"李成言语中"，唱这几句时需要咬得稍微紧一点，表现他对李舅的不满，意思是"李舅你不应该呀，到这个时候还不告诉我"。他的念白也变了："李舅，我在家之时，见你志诚老实，故而把言语来问你，你怎么反来支吾与我？"李舅低头说："小人不敢"。王十朋还"嘟"了一声，这时母亲出声，他又不敢多说什么，可是心里很苦。王十朋的情绪是起起伏伏的，这些起伏的情绪都要表现出来。到最后，他心里是想：母亲啊，你既不让李舅讲，又不肯自己告诉我，肯定出了大事。这时的王十朋是带点哭腔的，边唱边跪，到了母亲的边上，唱道："你把就里分明说破，免得孩儿疑虑生。"在几番拉扯后，孝头绳掉了出来。孝头绳掉出来，三人都去抢，王十朋最先抢到。这个地方是戏里的一个重要环节，我们排戏的时候，老师要求我们一环扣一环扣得很紧。这里有一段王母的念白："儿啊，千不是，万不是，都是你的不是。"

采访人：林老师，有劳您把掉孝头绳的事说得细一点。

林媚媚：这里王十朋非常生气，气得开始摆架子，以主人对仆人的口气对李舅说"嘟"，王母听到就一个制止的声音。王十朋只能说："从今往后，我再也不来问你了。"心里非常委屈，我是错了，低着头，有点赌气的意思，心想：母亲啊，到底家里出了什么事，你不让我问李舅，我心里着急呀，肯定出大事了，我媳妇到底出什么事了？这时他已经能够想到，钱玉莲在家出事了，于是唱【刮鼓令】："请你把分明说破，免得孩儿疑虑生。"这里孝头绳一掉到地上，李舅马上去抢，可是孝头绳掉在王十朋的面前，王十朋手快，一把抢过。王十朋拿到孝头绳，连话都说不清楚了，拿着孝头绳，一边抖一边说："母亲啊，这孝头绳是从哪里来的。"他知道有可能是他媳妇的事，但是又不敢相信，最好是自己猜错了。"呛呛呛"三个锣鼓点子，"千不是，万不是，都是你的不是……"这一段念白需要三人接得非常紧，一环扣一环。王十朋听到"休妻"两个字时是有表情的，上来袍一提，一跪。这里往下接，不等锣鼓经打完，直接就在锣鼓经当中说"岳父呢，岳母呢，直到叫你妻改嫁孙郎妇"。这时王十朋的心态是复杂的，一方面他不希望钱玉莲改嫁，但是比起钱玉莲死去的消息，她倒宁可钱玉莲改嫁了，于是说了一声"罢了！"又转过身来问母亲："她从也不从？"这里到了戏的一个小高潮。年轻演员在演到"罢了"和转身过来这两个地方时，常常会忽略表情。其实他们都是带着心理活动的。"罢了"这里既有一种不舍，又有一种男子汉大丈夫拿得起放得下的心态。但是反过来他问母亲的时候，又是不希望她嫁人的。当王母说出："你妻为你守节不相从，将身跳……"这里一个嗒，双手双脚一起，一个顿步，心提起来了，李舅在旁边提醒"老安人啊，说不得说不得"。王十朋这里忍不住了，斥责李舅说"要你多嘴，要你多嘴"。转身回去求母亲。母亲再也忍不住了，最后决定告诉他："你妻为你守节不相从，将身跳在江心渡。"咚、咚、咚，王十朋三个顿步，愣住了。王十朋屏着气，一个转身，痛心地，慢慢地喃喃地说："死了？"王母说："死了。"王十朋盼了那么久，结果盼来的是钱玉莲的死信，他们夫妻之间的感情那么好，却遇上了这样的噩耗，打击太大了。他喃喃自语地：“我妻为我守节而死，叫人痛，痛……”一下子气接不上来，昏过去了。这里李舅要替王十朋把官袍的前摆往前一撩，王十朋就顺势跪倒在地上。王母和李舅都慌了，替他掐人中，抚胸口。这里王十朋需要配合王母和李舅做出上下的动作。如果演王十朋的演员只顾自己悲伤一动不动，内行的人看来会觉得演戏不真。王母“啊呀吓，吓得我心惊怖”一段唱后，王十朋在李舅的抚胸口下慢慢地醒来。下面就是一段有名的【江儿水】，开始“三哭”。

【江儿水】的第一句是“一纸书亲附”，这是王十朋“三哭”的第一哭。一般人遭到重大打击，都是愣愣地反应不过来，而不是马上哭天喊地，所以唱王十朋“一纸书”三个字的时候，要悠悠地唱出来，像是刚刚缓过气来。“附”字唱完后，人清醒了一大半了，但是气还没有顺过来。转头去看一下母亲，抽泣了一下，转头看了一下李舅，又抽泣了一下，再看一下观众，这口气终于上来了。唱“喂呀，我那妻啊”，在唱这个“妻”字的时候，中间是有几个小停顿的。这里的表演和南昆不一样——王十朋跪在地上，拍着台板，像是控制不住自己的情绪，放声痛哭，有点呼天抢地的意思了。但是他很快想到母亲在旁边，又收敛一点自己的情绪。在音量上，第一哭需要把握好度，不要过了，在第二声哭“我那妻啊”的时候是无力的，这个哭虽然强度不如前面，但是他的情绪却是更浓烈的，是哭不出来的哭。这种哭因为面对这两个长辈还是有一定控制的，不能失态。“指望同”，“同”这里又有一定的停顿，“书中”的“中”字稍微强调一下，有的人会强调“书”字，但是我的理解，书信不是重点，重点是书信里边的文字被修改了，所以要强调在“中”字上面。“恁道先做了河伯妇”，“做”是个入声字，这里停一下，刚好可以表现王十朋他心里想“我做了状元，你也可以跟我一起去做夫人，没想到你却跳江了”这一系列的想法。“指望百年完聚”，这个“聚”字是我们永昆的一个特点，叫拔板。“算作春风一度”，唱到这个“一”字的时候，有一点点哭泣。这一段唱，每一个字，都有相应的动作，都要到位，和内心情绪结合起来。拔板就是特别重要的唱腔，单独再给它留出一板三眼的音长，基本相当于把这一小节的速度整整放慢一倍。这个“聚”字是为了能把演员的感情更好表现出来，如果没有这个拔板，效果就会差一点。这种拔板在《当巾》的【普天乐】中也出现过。但是总的来说，拔板这种情况在我们永昆中出现的不多。唱【江儿水】是王十朋的第一次和第二次哭。第三哭是在王十朋送母亲回后房休息的时候，王十朋问李舅："小姐的灵柩停在哪里？"李舅告诉他，"那日江中风狂浪急，连尸首都没处打捞"。这下王十朋真的是嚎啕大哭，想到钱玉莲实在太可怜了，死了之后竟然连尸首都没有找到，最后忍不住大声地哭出来："我那妻啊……"这里的"啊"是三声的，第三声"啊"后哭出来时，在后面的王母一定要配合好，叫一声"十朋"，哪怕在后面叫得晚了半秒钟，效果都要差很多。王十朋听到了这一声"十朋"，忍住了哭声，但是转过身去让观众看到他的肩膀上表演的戏，他在哭泣的状态中还没有出来。接着他口中说："母亲，孩儿来了，来了。"这里能够体现出王十朋对母亲的孝顺，不愿意再让母亲难受。这是第三哭，要能够体现出王十朋的特点。

《见娘》，我自己细细地去分析它，去琢磨它，把他的人物性格演出来，把这个度把握好，把人物的灵魂真正地演出来，我一直在揣摩这个。这个戏是永昆的看家戏，我到现在还不停地在揣摩。这个戏是老辈传下来的，到了我们手中名气可不能倒啊，我们自己倒了名气没关系，不能把我们老师杨银友的名声倒了。现在除了我们之外，几乎没有人看过杨银友老师的戏了，都只能通过文献的记载知道，要是我们演得不好，就让人家觉得，杨银友老师也不过如此。之前，我们永昆有学生演《见娘》，但是不是按照永昆的路子，在上海演了之后，就有人电话打过来问："林老师，怎么你们永昆的《见娘》是这样的？"听了这句话，我很受刺激，于是才把这出戏恢复起来。2014年在苏州昆剧节是第二次演出，第三次在北京演出，大家看了之后都很震惊："原来永昆的《见娘》这么好。"我觉得这是恢复了老师的名望。现在我也很想学生能够完整地很好地把这本戏接过去，我也在尝试着把这些艺术心得都写出来。有的人反对我这样的写法，说老师你把这些都写出来，那谁都可以演了。但我认为老师的东西，不能就这样丢了啊。

采访人：当年您跟杨银友先生学了这出戏以后，听说其他老师对您演这出戏也有指点？

林媚媚：是有这么回事。艺术要不断地提高，就要博采众长。

《见娘》是杨银友老师的拿手戏，这个戏在昆曲界名望非常高。一开始我们学的时候，就跟着杨银友老师学他原原本本的动作和对内心情感的细腻处理。《荆钗记》是永昆的常演戏，大部分小生都会演，每个人都有自己不同的艺术理解。只不过其他小生老师的《见娘》，我没有看过，只看过杨银友老师和杨永棠老师的。杨永棠老师在我学了杨银友老师的《见娘》后，叫我走给他看，他也指点了我一些他自己的理解。从总体上来说，杨永棠老师从来没有演过别的剧种，身上是纯粹的昆曲小生的东西，他对我提出了要求，比如说手势上要求收拢一点，“高不过眉，低不过腰”；还有人物性格等方面，也给我仔细地抠了一遍。要说细节也可以举个例子，比如“雁塔题名已数月”这四句定场诗，杨银友老师这里有三个手势动作，一层一层交代下来。因为由于念白时间短，做三个会显得碎，我听杨永棠老师的意见简化成两个了，动作变得更加明晰准确简洁。两个比较大气，三个比较详细，无论是三个还是两个，都是合理的。这里我也是受到了老旦章兴姆老师的启发，他说王母的动作不在于多，而在于到位，要用内心的情感，特别是要把眼神体现出来，演员的灵魂很要紧，一个眼神放出去，让观众能够感受到。再后来，家院进来报说“你的家眷到了”。这里王十朋口中说：“怎么，家眷到了？”身上同时加了一个小蹉步，就像在生活中听到了一个非常惊喜的消息，身上不由自主地猛一颤抖，在舞台上就美化成一个蹉步。

我现在的演法，除了杨永棠老师的指点外，根据自己的理解，也进行了一点点细小的变化。比如说刚见面时，母亲说免拜，王十朋说要拜，然后就跪了下去。老师是不跪的，这里我觉得王十朋作为孝子很久没有见到母亲，知道母亲无论是在家还是在路上都受苦了，心里又喜又内疚，自然是要跪的。【刮鼓令】中“请你把分明说破，免得孩儿疑虑生”，这里老师也是不跪的，但是我也把它处理成跪下来。这样一来可以表现王十朋对母亲的孝顺，二来可以表现他急切请求母亲说出真相的心情，三来是我自己演的过程中觉得感情到位了，自然而然跪下去的。还有最后一个【江儿水】“改调潮阳”这里，老师是重重唱了“潮”字，手指出，我把“潮阳”两个字都重唱了，动作手势也随之放大一点，以示从京城去潮州路途之远，以致不通音信。“先做河伯妇”，老师的动作要小一点，就在原位动作，我也放大一点，还设计了一个水袖动作。老师那一代的水袖动作比我们这一代少。我这样做是在不改变原来的前提下做了一点小小的改动。

采访人：是因为老师们当年的演出场所都在万年台上，区域比

较小，到了您演出的时候舞台上表演空间大了，所以有时需要适当地把动作放大，让表演充满整个舞台。

林媚媚：是的。

采访人：您在戏训班接受过比较规范的戏曲基本功训练，您的水袖基本功相对来说比老师们要好，所以有条件采用了这些水袖功？

林媚媚：我不能简单说是或不是。我们这一代更注重舞台上的美感，根据场所的变化而变化。我们这一代更注重运用水袖，是因为我们看到的其他剧种，特别是水袖运用得漂亮的剧种比老师们要多。我这样运用水袖既漂亮，又符合王十朋的身份，又好看又合适。运用水袖功来塑造王十朋的形象，我是花了一点心血的，那时下乡演出没有镜子，于是我就在河边对着河里的倒影练，一方面是可以看到影子，二来可以更好地体会王十朋想象钱玉莲投江情景时的悲痛心情。有时台上做到了这个动作，就想象眼前有一条河，是钱玉莲投江的地方。所以我很珍惜这本戏，可以说是一个字一个字地揣摩过，一直到现在还在不停地琢磨，凭我自己的能力，把它做得更好，对得起老师。

采访人：经典折子戏的打磨是跟着时代的变化，跟着舞台的变化，跟着观众的变化而变化的，要根据自己的条件、情况，对其不断进行修改打磨，才能提高这出戏。

林媚媚：是啊，不是一成不变的。不仅是表演要变，什么都要跟着时代变。再举个例子，我的妆面和老师辈比起来，也是有变化的，我也努力地想着怎么样根据自己的条件来做得更好。包括我教的学生也是这样，胡维露在上海的时候，水纱包头是包成月牙形的。我说你不要这样包，她很奇怪地说为什么，老师都是这样教她的。我说："化妆是为了什么？除了大路性质的好看以外，还要修改、弥补自己的不足，把自己的脸画得更美。你的脸形偏小，水纱把额头上一大半都包掉，那你的脸形就更小了。为什么京剧昆曲的老师要这样包？因为以前京昆小生都是男性扮演的，他们的额头要比我们大很多，所以他们用月牙形包头，如果你照搬他们的方法，那就不行了。"她问我那该怎么办？我说："作为女小生，你可以借鉴一些越剧的化妆手法，改用半圆形包头，水纱往上顶，额头两边露出，额门就大了。"一试之后，她惊喜地说："老师，这下效果好多了。"老师的东西我们要学，更要根据自身的条件加以消化，变成适合自己的东西。这也是我在教学过程当中的一个体会。剧目在传承的过程当中，没有一成不变的。我写过一篇文章《继承与发展》，得到大家的认可。我在里边说，学戏、教戏不能一成不变，也不能把原汁原味的精华丢掉，弄得根都没有了。发展要在完整继承的基础上发展，现在有个误区，有人认为在学习的过程中只要把剧目学下来，就是把剧种的特色继承下来了，不是这样的，虽然你学了《荆钗记》《琵琶记》，但是你没有把剧种的风格继承下来，那也是没有用的。继承了剧目不等于就把这个剧种的特色继承下来。我们永昆的这些戏，上昆、苏昆、浙昆都有，甚至别的剧种都有。绝对不是说你继承了这个剧目，就是继承了剧种的风格和特色。要继承了剧种的风格和特色后，再对剧目进行提高。我曾经给学生打过一个不恰当的比方，同样是麦饼，楠溪江的麦饼和乐清的麦饼看起来是一样的，但是乐清是海鲜麦饼，楠溪江的麦饼里边就是咸菜和肥肉，两者实际差别很大。继承的观念要明确，发展的观念也要明确，这都是很要紧的。

采访人：林老师，永昆小生的唱念有一些自己的特点，和苏昆、浙昆不大一样。

林媚媚：是的，永昆的演唱风格和别人不同，永昆有永昆的特色。我以小生为例，永昆的小生用嗓多是本嗓，白口也是多用本嗓的。永昆的唱腔特色，第一个是没有水磨、没有花腔，跟其他昆种截然不同。我举个例子，永昆在白口上、唱腔上、语法上，上声的字用得比较少，有上声的字都接低唱，不提高，不往上走，去声反而往高唱。最有代表性的比如说，《佳期》中红娘唱【十二红】的“小姐呀”，上声字往往作去声唱；再比如说《书馆》当中的【太师引】的“细端详”、《琵琶记》当中的【山坡羊】的“乱荒荒”、《张协状元》中的“披红挂绿”都有这种情况。这种唱法是我们不走形式地接高唱，是永昆很明显的一种特色。我们上声往低接，去声往高接。现在越琢磨，越觉得当中的风味很好。

《张协状元》演出后，全国层面上都开始关注永昆的特色，有一位记者采访时就问我：“林老师啊，我看了 40 多年的戏了，像您这样的永昆风格，我还是第一次看到。”《张协状元》演出后，他们关心的除了永昆的价值、南戏的风格把握等，也开始关注永昆的语法和白口。在几次新闻发布会上，不管是本地的温州大学，还是外地的香港、台湾很多人都提出了问题，说：“你们永昆到底是用什么话来搬上舞台的？”我们这样回答：“永昆是用温州味的官话。”他们又问：“什么是温州味的官话？”我们回答：“温州味官话就是温州属地的官话，如果理解不了官话，就当成普通话理解。”有一次在香港的时候，有人又这样问我，我就反问他：“你刚才是用香港普通话问我的吧？你刚才说的香港普通话，就像我们温州人说的温州普通话一样，我们温州人也是说带温州腔的普通话。”有的专家提出来说，永昆的念白用韵应该和温州的地方戏是一样的，但是我认为这种说法是有偏差的。

我们永昆还有一个特色，我刚刚在讲《见娘》的【江儿水】时讲到了拔板。和放慢速度的拔板相反，我们永昆还有一个特色，节奏明快平直，很干脆，唱得像说一样，有人叫它“朗吟式唱法”。它特别适合表现当时人物的着急、焦急的情绪，就像说话一样。我演过的最有代表性的是《张协状元》中张协负心后对贫女唱的：“我恨不得一剑劈了你，非不幸，浑不忘皆因神使鬼差。”这里的唱段就要像说话一样唱出来，演员能把创作的原意唱出来，达到保持永昆的特色。我当年在剧团的时候也没有太多的领会，就只是按照谱子唱，现在随着对永昆的理解越来越深入，钻研这些唱法的时候，就觉得永昆的唱法很有意思了。演员能把作曲的意思唱出来了，作曲也很高兴，这是我们永昆很有味道的特色。

五、说传承

采访人：您能说说永昆的前辈吗？

林媚媚：我们永昆小生要从蒲门生开始说起，他是我们现在知道的最早的永昆小生，再往前就已经没人知道了。从他开始算，我是永昆的第四代小生、国家剧团培养的第一代小生，也是永昆第一代女小生。

蒲门生是清朝人，他的名字已经不清楚了，只知道是苍南蒲门人，所以大家叫他蒲门生。据说他是一个大戏剧家，可惜30多岁就走了。蒲门生有两位学生，一位叫邱一峰，还有一位叫叶啸虎。这两位前辈专长不同，邱一峰前辈擅长巾生、风流小生这一类的。叶啸虎老师擅长冠生和穷生，他的《当巾》演绝了。说起邱一峰前辈也巧了，前年我参加同学会，同学邱曼蓓和我聊天时说起：“媚媚呀，听说我爷爷也是演昆剧的，叫邱一峰，你知道吗？”我一拍手，说：“哎呀，这是我们昆剧的前辈啊，是我的师公辈啊。”她说：“这样啊，你有资料吗？”我回来一翻，资料很多，还看到了她父亲的名字。温州就是这么小，碰来碰去就会碰到熟悉的人。她也很高兴，说以后挑一点有用的补到家谱里。

邱一峰前辈给我们永昆留下了一本《长生殿》。为什么这么说呢？据说当年我们永昆戏班是没有这本戏的，有一任温州知府是苏州人，为母亲祝寿时点了一本《长生殿》。这本戏我们没有，只好到苏州（也有人说是到金华）去请了一个老师来教这本戏。他们的老师请过来，剧本拿来了，大家坐下来一碰头，表演没有问题，因为我们自己的老师有自己的风格，只要把地位拉起来就行。但是唱曲碰到问题了，他们的唱法中花腔很多，和我们永昆的风格、唱法都不一样，我们唱不下来了。怎么办呢？邱一峰前辈说：“我来！我照我们永昆的音乐来谱曲吧。”他和苏州的老师说：“你们只管教地位，身上和音乐我们自己来解决。”就这样，我们永昆把他们的《长生殿》的场面调度学下来，但是表演和音乐都是我们自己的。比如说《惊变埋玉》里，第一支【粉蝶儿】中“天淡云闲”的“闲”最后一个音，苏昆是往上走的，我们是往下走的。“数行新雁”他们是往上走的，我们是往下走的，完全不一样。这个唱腔就是我们邱一峰前辈作的，所以《长生殿》这个戏，其实是我们从苏昆移植过来的。后来我们又发展了，到了 1983 年苏昆又把我们发展的东西学回去了。

叶啸虎前辈和邱一峰前辈的下一代就是杨永棠老师和杨银友老师了。我现在琢磨两位杨老师，觉得他们的艺术成就真是了不得。现在想想，我们当年学的真的太少了，年轻时对永嘉昆曲的价值理解不够深。虽然我们这一代每一个人身上都有一批戏，但太少了。在永昆历史的起落中，我们有很多好东西没有学到手，这是很大的损失。用现在的眼光看起来，我们的老师那一代真的个个都是艺术大家，我们从心里非常佩服，多渴望还能从他们身上再学到一些。

永昆旦行当中最有成就的是高玉卿，他又叫“大姆旦”，我们温州人说“看了大姆旦，三天不吃饭”。他的《摘桂记》和《琵琶记》很出名，其中《灶房》和《吃糠》最拿手，据说他吃糠、咽糠的表演非常生活化，嘴型和现实中人在咽糠的样子一模一样。有观众以为他在台上真的在吃糠，等他下台了之后专门到后台去看他碗里装了什么。有一次戏班在玉环演《琵琶记》，他身体不好，脚肿到上不了台，只能请人替他。没有想到替他的人只唱了一首曲子，下面的观众不满意，闹起来了。无奈之下，老板只能请高玉卿拄着拐杖上台，结果就流传下了“大㛎旦吃糠三只脚”这样一句俗语。他的学生有好几位，有一位叫陈奎喜的老师是男旦当中最出名的，他的学生我们还看到过。在他的学生中还有永昆第一位女旦周云娟。当时我们进团时旦行还有罗友弟、孙彩凤等几位老师，他们各有各的长处。再接下来就是我们这一代，也就是王友圭、陈欣欣她们几位了。

再来说永昆的花脸，永昆的花脸很有特色、很棒。我知道最早的一位前辈叫蔡怀卿。他的舞台形象常常参考动物，他演周仓，借鉴螃蟹，横着走；他演武松醉打西门庆的时候，像狼，尖牙利齿的样子；他演张飞，是虎形。他下面一代一代也有好几代，还有一位张献珍，当时团里还有一位老师也叫献珍，为了和那位老师区别开，我们叫他为大献珍。再接下来是崔宗碎老师，他的《单刀会》传给了朱永清。

丑行最有名的叫杨盛桃，沈沉老师经常提到他。我们温州有一句话叫作“阿桃儿做罗丝梦”，就是说他演的《罗梦》很好。关于他还有一个趣事，有一场戏是阿桃前辈表演下楼的时候，他忘了刚才踩了几个台阶，那时候江南一带的人看戏很顶真，之前上几级台阶都悄悄地数得很清楚。阿桃前辈想这下完了，灵机一动，走了两三个台阶后假装滑倒，“啪啦”一下摔下来，然后还做了几下揉屁股的动作，好像因为不小心从楼梯上滑下来了。这下大家抓不到他的错，都笑了，说他很聪明。那时的观众真的很厉害，他们也曾经抓到阿桃前辈的错处。有一次，阿桃前辈演一个在骑马的角色，那天他感冒了，喉咙里有一口痰，他随口吐在台板上然后用脚擦了一下。没有想到，观众就开始吵闹起来，说骑在马上的人怎么能用脚擦到地上的痰呢？演错了，到最后罚了一场戏。

舞台上的应变是最让人竖大拇指的，在温州都传为美谈。有一次，阿桃前辈和邱一峰前辈演一场对手戏。邱一峰前辈突然想要捉弄一下阿桃前辈，他在戏里扮演一个考官，他说：“雨打桃花落。”阿桃前辈心里一惊，这不是戏里本来的词，知道对方在捉弄他。他往两边一看，眼睛一转，就对上了：“风送菜子香。”我们温州把油菜叫菜子，桃树开花的时候也正是油菜开花的时候。台下一听轰动了，他们也知道这个是戏里本没有的，是台上演员临时应变的，纷纷为台上的演员喝彩。那时候的老师们都是戏家、大家。还有一位老生叫张金富，他的《扫松》真好啊。他的嗓子好，那几句唱，一开口就能要到喝彩，吕德明就是他的学生。

还有一位老旦老师叫章兴㛎。章兴㛎老师在《见娘》里演王母，没有人可以比得过他。这折戏里他没有太多的动作，全部靠眼神和气质。因为长期在农村演出吧，永昆在唱腔上不是很讲究，但是表演要做足，一定要演什么像什么，把角色的灵魂给演出来，既不欠缺，也不超过，不然观众不买账。章兴竘老师的眼神很好，我记得他每天早上起来都要端着茶杯，对着阳光来练眼神。常常一看就是半个小时。我们问他为什么要这样做，对着阳光，眼睛会坏掉的。他说："你们不懂，我是在练眼睛。"杨永棠老师也曾经跟我们说过"戏眼"，戏眼的其中一层意思是演戏就是要眼睛和观众交流，把戏从眼睛里演给观众。章兴竘老师就是用眼睛把戏做足，他身上没有什么动作。像演《见娘》的话，他出场简单的两个动作就把王母的特点抓住了，既有贫苦人家的特点，又是一个曾经富贵过的人。她这种富贵，不像太后那样出场，而是一种不失书香门第、大家闺秀出身的那种东西。这里得说一下的是有一个动作，就是在《见娘》里的"哎呀吓，吓得我心惊怖"拍手这个动作，很好地表现出了他想"哎呀，儿子死了我怎么办呢"这种想法。王十朋唱【江儿水】的时候，他脸上一直是有表情的，但是没有很多很激情的、很过火的表情和动作，把人物演得非常生动。

永昆还有一个有名的小花脸，他年纪比较大，我们称他介林伯，我们进团没几年后他就回去了，他的小花脸太棒了，他在《吃糠》里面演蔡婆，他会插几句苏州话念白进去。我们的师辈这一代身上都不是随随便便的。

再来说乐队老师。在我们老师这一辈能吹笛子、能作曲的有三位。徐剑鸣老师是可以与其他昆曲大家相媲美的，很多永昆经典的曲子都出自他的手。他对待艺术很认真，对待学生也很严格。他给我们教唱曲子的时候，一板三眼，一拍都不能错。叶志钦老师还有陈达辉老师也是大家。所以那时候永昆实力真的很强，只要我们想学，学都学不完，实在是我们那时候开窍晚，不知道抓紧每一点滴的时间。我们那时下乡演出，只要老师出场，观众们没有不认可的。在老师的带领下，我们也慢慢地被观众认可了。

徐剑鸣

采访人：说完了您上面的一代，说说您下面的一代吧。《张协状元》成功后，当时的省委书记到永嘉来视察工作，考察了永昆的情况，还特地指示要给永昆招学生，做好永昆的传承，这是真的吗？

林媚媚：有这么回事，但也不完全是这么回事。准确地说是永嘉先招了一批学生，省委书记指示了之后又扩招了一批，分两次招人。

《张协状元》轰动了国内外，很多地方都想要请《张协状元》去演出，声誉非常高。圈内圈外人都在关注，大家都认可，非常火爆。我们大家都提出，既然永嘉昆剧特色鲜明、价值明显，那就要传下去。但是《张协状元》一共6个演员，有3个演员是外请的，没有学生，终究不是长久之计。在这样的形势下，2000年下半年，县文化局上报永嘉县委，要求给人员指标，成立传习所。很快，县里给了10个指标，同意在永嘉县内招10个学生。在县内招生有两个原因，首先，我们这一代大部分都是温州市里人，其他要么瑞安、平阳的，最后陆陆续续都离开永嘉，回老家去了，如果招的是永嘉人，不太担心会离开永嘉。其次，温州的方言很多，什么温州话、闽南话、蛮话……永嘉人是说温州话的，演起永嘉昆剧来能够保持温州风格。这样就招了10个学生，当中大部分都是永嘉上塘人。那时剧团还只是一个空架子，10个学生马上送到上海戏曲学校去代为培养，上海戏曲学校对我们也很支持，一直教到2003年才回来。在这个时期，我们《张协状元》这一本戏到处演出，杭州、上海、北京，外面能够到的地方都到了，包括我们温州地区的瑞安、平阳、苍南，这些以前流行永嘉昆曲的地方也都演过了。但因为没有钱，很多地方我们有机会去，但是去不了。比如说有一次德国邀请剧团过去演出，我们看看自己的口袋，最后还是没有去成。

2002年底，我们的演出告一段落，在上海的孩子们也有点像样了，就把他们接回来，准备搞自己的新戏。10个孩子中，9个当演员，还有一个改成了乐手。他们从上海回来后，我们当指导老师，小生是我，老生是吕德明，丑行是王冬生。旦行的王友圭和陈欣欣实在身体不好，郑淑兰又远在美国，怎么办呢，只能我们来代教。当年我们演出很多，大家搭戏很熟，就凭着自己的印象，给学生拉一个框架。偶尔郑淑兰回国，我们就马上把她请来，请她帮忙，当时我们排了几个折子戏，现在想来，那时教戏还是挺难的。

郑淑兰

当时我们有一个共识，先教永昆的经典戏，不是现在舞台上流行什么我们就教什么，要用永昆的东西来给他们打基础。小生教的是《荆钗记·见娘》《玉簪记·秋江》《连环计·小宴》；旦行教的是《琵琶记·吃饭吃糠》《荆钗记·拷婢》

《钗钏记·约钗闹钗》。这几个戏下来，9个学生每个人身上都有各自的行当戏。其中《约钗闹钗》这个戏最辛苦了，这折戏里芸香和皇甫母两个角色都是旦行，尽管我们当年看得多，但是我们只记得大概，身上的表演我们不是非常的清楚。比如说《约钗闹钗》中，芸香上椅子的细节是观众很喜欢的地方，我们只能告诉她们要怎么坐上去，但是怎么样坐得好，既切合丫鬟的身份，又能坐出小姑娘的情态，还有芸香到皇甫吟家里一看，心里想“哎呀，这家里怎么那么破呀”这种情态，不是我们随随便便说一说就可以的。那时周云娟老师是我们的老师当中唯一健在的，而且还演过这本戏，我们便请她的儿子将她带来，给老旦学生示范示范。后来考虑到周老师年高体弱，我又带着学生到周云娟老师家里去，老师说她年纪大了蹲不下去了，我说“没关系，您只要跟学生说，我在边上看”。我还和演芸香的小姑娘说，“你也要在边上学着，就当是备着”。当时演芸香的小花旦演得不够入戏，我又打电话给我的师姐妹王若男，

林媚媚与戏校同学王若男

时年86岁的周云娟指导学生

她演过这个戏，是我们这一代中演这个戏演得最好的人。她接到电话后很为难，说："我这么多年没有演过这个戏，都忘了。再说我母亲身体不好，我实在走不出。"我说："你千万要抽半天的时间，你在家里，不用出来，我把三个学生带来，演给你看。"第二天我们就到她家，演给她看。尽管王若男这么多年没有演过了，但是她的表演，特别是上下椅子的那几下，还是让学生啧啧称赞，觉得到王老师家里是来对了。这折戏最后排出来，演出效果还挺好。不管是到市里演出，还是到省里演出，老师专家看了都觉得很好。

排了几个折子戏后，我们就开始排《张协状元》，排这个戏，我把九名小演员全部用上，三个旦角，每个人都要演贫女。一开始学生还说，按照 AB 角制度，A 角不行 B 角上，哪里轮得到 C 角上场啊？不用三个人都学。我们说不行，每个人都要学，一天排一个，小生辛苦点，其他人辛苦点，多陪她们排几次。一个多月后，就把这本戏排下来了。那时乐队是从绍兴艺校毕业的越剧乐队，正好经过这次排练，改成昆剧乐队，清一色的小姑娘，就连打鼓佬也是小姑娘，非常引人注目，出去演出连乐队都能吸引观众，一直到现在，还有几位留在团里。这批学生们非常认真，也很上进。县里和市里的领导看了

2003 年，永昆学员汇报演出合影

彩排后，定汤泼泼参加《张协状元》的汇报演出。这批学生中，旦行里的汤泼泼比较突出，她嗓子好，身上也比较漂亮，比较协调，会表演，是个演戏的料，能文能武。小生里是胡维露比较好。汇报演出在大会堂进行，一大一小两场戏演完后就开始下乡了。我们这么几个人演出，不管大戏小戏总是人数不够。

这段时间我们主要是教永昆的折子戏，他们在上昆学了《游园》《寄子》《挡马》《山门》《双下山》五个折子戏也排练演出的。那几年，我们教了不少折子戏，后来汤泼泼和胡维露去上海念本科就没有回来，可惜了。现在团里还剩下第一批的 7 位演员。

到了 2003 年，第二届中国昆剧节开始了，我们送去的是《杀狗记》。《杀狗记》一共用了九个演员，导演是浙昆的余莅杭，我担任副导演和艺术指导。虽然学生们的表演还很稚嫩，但是对于永昆来说已经很不容易了。组委会给我们这本戏一个表演奖。这样年轻的团队让其他几家昆剧院团眼前一亮，上昆的刘异龙老师很高兴地跟我说："你们永昆后继有人了！"其他老师也对我们永昆赞赏有加，说我们已经立起来了，尽管其中有客气的成分，但是也让我们看到了永昆的希望。可惜排完没多久，胡维露就去上海了，每次演《杀狗记》都是

学生胡维露等演出《杀狗记》剧照

2006 年，第三届昆剧节汇演剧目《折桂记》，林媚媚和主演方汝将

把她临时叫回来演孙荣。

第三届中国昆剧节的参加剧目是《折桂记》，这本戏的导演是谢平安，我仍然是副导演。我在排练的时候很大一块工作是把我们原有的《摘桂记》中的《灶房》等富有永昆特色的地方保留下来，放到新的《折桂记》中。这本戏排了后也得了表演奖。我在永昆搞的大戏基本上是这几个。那四五年我是长住在上塘的，只有在休息天才回温州家里。《折桂记》演完后我回温州了，但是团里有事还是随叫随到的。

再下来说说省委书记给我们增加编制招生的事。2005 年 5 月，我们在永嘉岩头古戏台演出，县里通知我们说省委书记要来看我们演出，快三点的时候他们才到。他们来之前我们先安排打锣鼓头通，正式到了就开始演折子戏。那时学生演出，我都跟在学生的后面，有什么事情可以帮忙处理。演出过了一半，市里有一个领导说："林老师，省委书记要找人谈谈，你最熟悉情况了，要不你去吧。"我说："你找团长吧，这里学生正在演戏呢。"领导说："情况是你最了解，还是你来汇报吧。"我到省委书记旁坐下，他问我这些学生什

2003 年带学生下乡演出锻炼

2009 年与永昆的老同事们给学生们排练折子戏合影

么时候入团的，我说是2003年。他又问我有多少学生，我说只有10个，太少了。他还问我永嘉昆曲目前有什么困难。我就实话实说，说硬件软件都很困难：硬件方面没有团部、排练场，办公都在民房里；软件方面现在只有9个演员，想要排大戏根本排不起。书记问我多少个人才够用。我说按一般剧团的情况，最好能再招30个人。他想了想问我20个人行不行，我说20个也好啊。过了一个星期，一个文件下来了，上面写着省委书记指示永昆要再招人。又过了一段时间，又来了一个文件，给永嘉昆剧团40个用人指标。当时省文化厅、温州文化局和永嘉县里都很重视。当时的县委书记是葛益平，他后来当了温州市副市长。到了2006年，永嘉昆剧团换领导班子后开始招人，40个指标中大部分用来招学生，还留了6个指标，专门用来招尖子演员。

胡维露、汤泼泼去上昆后，小生和花旦都缺了。2006年下半年团里又新招了一批学生，现在演小生的杜晓伟就是这时候进来的。于是我开始培养杜晓伟，希望能接上胡维露的班。一开始给她排《张协状元》，她没有信心，我鼓励她说，你一定可以的。团里又让冯诚彦由老生改小生，这样改，总是有一些不是太顺的地方，我又给他做进一步调整。但凡有市里、省里演出的机会，我尽量让他们上，给他们创造条件，我们能做到多少就做多少。后来再招的学生当中留下来的小生就是杜晓伟和金海雷了。说来是两个小生，实际上只有一个半，因为海雷同时还兼演老旦，像《约钗闹钗》《见娘》中的老旦都是她演的。

晓伟是团里组织、行过拜师仪式的学生。那是2013年的事了。晓伟原来是学越剧的，是浙江省艺校越剧班毕业的。在拜师前，我看过她的《佳期》，并不是永昆的路子，我说你把《佳期》开头先走一下，照永昆小生来。永昆小生比越剧小生讲究，比如说“彩云开”，三步一到位，“月明”要抬脚了，“如水”再往前走下去，一提步。“哦，小姐来了”，每一句都有固定的动作，动作与唱词是贴紧的。这些动作看起来不难，谁都会演，我能演，唱老生的吕德明老师也能来，但是要掌握当中的精髓却不容易。后来，她也按照我的路子，改成了传统的永昆的演法。晓伟很淳朴，也很认真。正式拜师后，她就开始跟我学《见娘》，后来的《赠书记》，我作为艺术指导，也给她抠了很多戏。教海雷的戏是《游街》《当巾》。目前团里的这两个学生我教得多一点，扪心自问，我还是教得尽心的，但是出于各种原因，有些毛病和问题改起来好难。比如说她们是从越剧改过来，刚开始身上、口里有一些越剧的东西，自己感觉不到，改起来难啊。再比

2015年参加文化部“名家传习——当代昆曲名家收徒传艺”仪式

如海雷个子小了一点，吃了不少亏。我经常鼓励她：“海雷你因为个子矮，戏路受了一些限制，可是你很会演戏，很努力，很好。”她们总是说：“老师，永昆太难学，学不会啊。”我就不停鼓励她们：“只要认真去学，一定能学好。身上的毛病，只要我仔细教，你们用心学，一定能改过来的。你们成了好演员，一上台，观众的眼光就能被你们吸引住。”“演员上了舞台，每一点都很重要，手、眼、身法、步。那些犯忌讳的、有毛病的东西尽量避免。凡是我看出来的，我听出来的，我能教的，我都会告诉你们，希望你们好。”

说到这里，我又要说回到第一批学生了，特别是胡维露，不光是我看好，市文化局也认为她是一个好的小生苗子，可以担得起永昆小生的任务。维露非常努力，肯钻，她自己的条件也不错。刚来的时候有毛病，肩膀夹着，两只手放不开，有点缩肩，腋下像夹鸡蛋一样，动作做出来不好看。我很着急，这犯了小生的大忌。我让她回去练，要她把肩膀放松，背要挺直，动作要放开。一开始她也困惑，问我：“老师这样该怎么练呢？”我说：“你把肩膀向后收，自然放松。”又把好看的、不好看的都示范给她看，要她回去后对着镜子练。这孩子挺努力，也基本上达到了我的要求。在排演《张协状元》的时候，

胡维露在《见娘》中饰王十朋

张烈老师又给她提了要求，说："维露，你学《张协状元》的时候，不要只学身上，一定要把媚媚老师的吐字归韵也学去，不然的话《张协状元》的风格就走样了。"她很听话，基本上做到了你怎么教，她怎么学。我们师生关系很好。她后来去了上海深造，去之前我跟她说，学成以后还是要回来。因为各种原因，她留在了上海，现在也在上海的舞台上立起来。站在个人的角度，我也为她高兴，可惜永嘉昆剧团从此失去了一位好小生，唉！在上海，有一次记者问她说——现在那份报道我还留着——问她学习经历，她说到了上海拜的蔡正仁和岳美缇两位老师。后来记者又问她，你学了这么多戏，你最喜欢哪一出？她说她最喜欢的还是《见娘》，"那是永昆的林媚媚老师手把手教我的"。尽管她也学了上昆的《见娘》，但是她仍然没忘记我教她的《见娘》，还是让我觉得很感动、很欣慰的。

采访人：林老师，1982 年苏州的顾笃璜先生把永昆的老艺人请去教戏，当时您听到这个消息很生气，认为不应该把永昆的东西传给外人。可是现在您却说，不管哪个剧种的人，只要愿意跟您来学，您就愿意教。180 度的大转弯，为什么会有这样的变化？

林媚媚：被你说对了，我的想法的确变化很大。我们这一批师兄妹对永昆有很深的感情，一直以来，我们以永昆为骄傲，永昆的宝贝就是永昆的，不能让别人拿去。当年我从南昌回来，李冰导演跟我说，顾笃璜先生把老师们请到苏州去了。我当时心里很生气，怎么把永昆的宝贝都搬到人家那里去了。要知道顾笃璜先生是把永昆的生、旦、净、末、丑，所有人都请过去，“一锅端了”。他们把永昆的很多戏都学走了。比如说这几年我们看到苏州昆剧院演《长生殿·惊变》，“匆匆的起宫闱”一段，我们几个同学看了，他们在台上的走位、演法都是我们永昆的。唉，永昆这么好的东西自己没有留下来，却被人家都拿走了，变成了人家的东西。我们有东西，但是人家把你的东西拿去后经过提高，有的地方改得比我们更好了。你可以说我保守，我就是潜意识里觉得永昆的年轻人应该把永昆的戏先学好。

2008 年左右，温州市搞第三期地方戏培训班，有一位老师打电话来说：“媚媚老师，我想请您到我们戏训班来当小生老师。”那时维露已经去上海了，可是自己团里小生还没有培养起来。我说：“你们自己团里面不是有不错的小生老师吗？”其实我的想法是现在永昆自己的小生都没有起来，我怎么能把永昆的戏教给其他剧团？正好我爱人的身体不好，就用这个理由谢绝了邀请。排《琵琶记》时，演蔡伯喈的马士利曾经说：“林老师，我想拜您为师。”我说不行的，你是京剧演员，我是昆曲演员，你的风格和我的风格不一样。后来排《折桂记》的时候他演小生，调戏佩芝的一些动作都是我替他设计的。马士利扮相好，人品也好，他说：“林老师，您尽管没有正式收我，可我心里还是认您为老师。”还把我的一张照片挂在他的家里。

现在很多人都说永昆好，永昆有价值，但是永昆到底有多大价值，很多人并不清楚，真的，很多东西是永昆独有的。2012 年在排《金印记》的时候，湘昆邀请我们到郴州去演出。在演出的间隙，我们抓紧时间把《见娘》再走两遍，听说我们在排《见娘》，有几位别的昆剧团的老师过来看——他们听说过永昆的《见娘》，但是没有看过——他们看了之后，回去跟徐春兰导演说，你没有看到真可惜呀，各方面非常到位。还有几位老师听了之后跟团里说，没有看到实在太可惜，能不能跟他们讲一声，请他们第二天再走一遍给我们看一看。北昆的王振义是很聪明的人，徐春兰导演给我们导《金印记》的时候，他看出了永昆的一些特殊的步法，悄悄地记下来了。学生看了他后来演的戏，跑过来跟我说：“林老师，王振义在《投井》一场中把您的步法学去了。”我说：“他学得好啊，我这么费力地教你们，你们学不去，人家一看就学去了。”王振义也说他在排这个戏的时候从永昆学了不少东西。

再后来，我的思想就慢慢放开了，为什么呢？《张协状元》这本戏，维露走后，我教过冯诚彦、杜晓伟、金海雷。说实在话，各种原因的限制，好像总是达不到我想要的高度，怎么办呢？我自己的年龄已经这么大了，从 2012 年开始，我不得不正视这个问题，怎么办？再不传下去就要失传了。其他的行当我没有能力管，小生这个行当，老师传给我的东西没有人接上来，要失传的，如果在我这一代失传了，那就是太对不起老师。我不甘心，这些东西不能在我这里断掉，不能让我眼睛一闭就带走了。经典戏不好好传下去，永昆就完了。

在没有办法的情况下，我只能先赶快写一点，把所有的表演包括人物分析、动作我都写到了，日后人家翻出来一看，“哦，这是永昆原汁原味的东西”，他能看懂，学得去，那也可以。这样比我老师教我时，要方便得多。我学习的时候要主动地去找老师学，跟在老师后面看，老师常常一带而过，要我去问。杨永棠老师对我最好了，但是他给我教戏的时候，也不会像我现在教学生这样仔仔细细地分析给学生。我学的时候就是做给他看，他觉得可以了，那就过了；觉得不行，他说几句，我回去仔仔细细地琢磨，下一次再做给他看。过去是我们求着老师学，现在是老师求着学生学。我现在教学生身段时，让她把手搭在我的肩膀上，感受我是怎么走的。这种情况，在过去我学习的时候是不可想象的，这种教学方法可以说是仁至义尽了。

写出来的文章是死的，也要有灵性的、会研究永昆的人来看我的文章，可是现在这个趋向，唉！学生是想学的，可是永昆的东西对他们来说的确是难了一点。现在我一年比一年着急。现在叫我上台演戏，我是不太愿意的。首先我年纪大了，扮相上有压力。扮相对于演员来说是很重要的，化妆好了，演员上台就有自信，放得开；如果上台展现给观众的是一个不够美的形象，不管是观众还是演员自己都会觉得不舒服。我现在上台的机会越来越少了，但是现在我还能教学啊，有人愿意学，我就愿意教。要是以后我身体差到了连教学都不能进行的话，那怎么办呢？永昆小生这一行就断档了。只要有人愿意来学，知道永昆价值的人来学，我都愿意教。晓伟、海雷知道我们永昆的东西好，但是现在没能全部都学精。现在照我的年龄和体力，如果有人想学，那我就愿意教，不管你原来是什么剧种，只要你能拿得去，你就拿去，存在那里，到时候只要说这是从永昆移植去的，是用了永昆的表演方法，那我就满意了。

有时候我心里想，以前送到上海去培养是没有办法，永昆要是现在还想按照自己的风格发展，那么招生就一定要自己招生，自己培养，在温州的小学毕业生或者初中毕业生里招 20 个人。我们永昆自己的老师，能教自己行当的人，各自带学生。念白用韵、用腔、白口，特别是表演这块，打下永昆自己的基础，这样才能保持永昆自己的风格不走样，让招来这批学生吃的开口奶就是永昆自己的奶水。他们的基本功可以送到其他戏校的昆剧班去培养，没有关系，但回来就要马上学永昆的戏，才能保持永昆的东西。我们现在虽然老了，但是还能教，如果再晚几年我们就教不动了。

采访人：林老师，您最近除了在教戏之外，您还做了些什么？

林媚媚：刚才说了，从 2012 年开始，我除了教戏，剧团偶然需要我演出、讲课之外，更多的精力是放在整理自己演过的一些老戏上，把它变成比较规范的教材。比如说《见娘》，我在不同的年龄段演这个戏有不同的体会，体验越来越丰富。现在我要把每一个字，每一个情绪都定死了。因为这是经典的戏，所以我要把它固定下来。比如说排全本《荆钗记》的时候，《见娘》就用我的这个版本，不要再动了。我整理的时候，无论是王十朋、王母还是李舅，他们的地位和

林媚媚为金海雷（左）、杜晓伟（中）排《荆钗记》

2017 年林媚媚给学生排《荆钗记 · 男祭》

动作，都把它一字不落记录下来。表演具体分解到哪一句念白用哪一个步法，都一一对应起来。除了写表演还写艺术分析，我把这场戏的整个情节发展，有几个要点，比如说像王十朋的“三思”“三喜”“三疑”“三哭”都记录下来，还有一个我自己对王十朋这个人物的理解，跟其他的戏区别开来。包括像《当巾》也是这样分解开来，从剧情去分析，分析郑元和的表演情绪。而且讲明这两出戏不同的传承脉络和它们的特色。有两位老师心中的，也有我自己心中的，这些层次都要把它写出来。

现在的团里演出和我们学戏时比，有很多地方已经变了。比如说服装，在第一场中钱玉莲和王十朋的服装不能穿得太好看！现在的《荆钗记》第一场《别家》中，王十朋穿的是富家公子的服装；钱玉莲头上插满了花花绿绿的首饰，穿得也很漂亮，完全是大户人家的有钱人的打扮；王母出来也是一个很有富贵气的老太婆，头发梳得很好，这些和剧情不符合。我们那时候演的，不管是《荆钗记》里的王十朋还是《琵琶记》里的蔡伯喈，没高中前穿的是青衫或者是灰衫，一看就是贫家出来的小生；无论是钱玉莲还是赵五娘，头上插的都是铜泡。你想想看王十朋为什么用荆钗？因为他家没有钱，连铜钗都买不起。钱玉莲是看上了王十朋的才气，王家是一个有档次的没落家庭，王母的气质也还在，但实际上是个穷苦人家，那王母就只能穿黄布袍，很素净。钱玉莲娘家是有钱的，但是她嫁到王家后就不能像在娘家一样穿得花花绿绿了。我们有一句话叫“宁穿破，不穿错”，现在为了好看，已经不认为这样穿是错了。我说的这些道理都是有根有据的，服装表演都要跟着剧情走，要不然你就错掉了。《荆钗记》我现在基本上已经写完了。

学生们知道我演过一些戏，也经常会跟我说："老师您把这些戏恢复出来。"可是这种事不说别的，光是要找到当年的剧本就是一件很困难的事，我自己能恢复多少就恢复多少，能留下多少就留下多少吧。我找不到能完全把我的东西原汁原味接下去的学生，那就只能用这样的方式来做。

采访人：您说找剧本找得很辛苦，当年昆剧团里剧本都已经散失了吗？就没有人把剧本留下来吗？

林媚媚：你还年轻，过去发生的事你不知道啊。1965 年，我到北京探亲了一段时间，回来后剧团停止了古装戏的演出。再后来运动一开始，大家就离古装戏越来越远了，大家都把手上的资料丢掉的丢掉，烧掉的烧掉。郑淑兰是资本家的家庭出身，压力最大，有一天她很难过地来跟我说，她把最后一张照片也烧掉了，那时我还怪她。没多久后，我也把我自己的照片烧掉了。当时我们大家都有很多照片的，我们每到一地，特别是到县城，我们都要把戏服带到照相馆穿好照个相，所以每个人都有很多照片，现在几乎都没有留下来。前两年，王友圭问我，我俩一起合拍的《长生殿》的照片还有没有，我说难道你也没有留吗？她说："是啊，我没有留，我以为你已经留了呢。"只有陈欣欣还留了一张，我们看到这张照片，感觉一下子又回到了年轻的时候，觉得太珍贵了。

除了照片，剧本也烧掉了。我演的戏比较多，我记得光我自己手上的剧本就有三抽屉。我现在想来，这是我这辈子最后悔的一件事了，整整三抽屉啊，都烧了。我以为只有我烧了，别人总会留下的吧，没想到大家都是这样想，谁都没有留。永昆在那个时候没有正规的管理，我们演员们也没有认识到永昆的价值，资料就这样散失了。有一次我到苏昆去，看到他们管理档案那么正式，里边的资料那么齐全，真羡慕他们。历史的原因，加上剧团很长时间被撤销，对永昆的资料保存打击实在太大了。如果当年剧团在"文革"后迅速地重建起来，一直没有撤销，也没有搬来搬去，保留下艺术资料，不像现在这样要什么没什么，永昆今天的局面也许会好很多。所以，我现在能做的就是拼命努力从自己记忆当中去回忆一些东西。可惜我能够补的也只有我小生这一行当的一部分，其他的行当我就做不了了。随着年龄越来越大，我现在真的越来越焦急。尽量抓紧时间去做。这是费很大力气，却没法做到很圆满的一个方法了。

采访人：这些年几乎所有的院团，包括永嘉昆剧团都在演《牡丹亭》，您对这有什么看法呢？

林媚媚：《牡丹亭》是好，但是昆曲不能只有《牡丹亭》。再说我们永昆，老的永昆只有一出《花判》，但是我们这一代人没有看过，更没有演过。永昆要不要演《牡丹亭》，当时团里曾经开会讨论过。我们老人们的观点是排什么戏没有关系，只要是唱腔和表演保持永昆的风格就行。我们为什么同意呢？因为20世纪60年代，我们也从别的剧团移植过《白蛇传》《墙头马上》《拜月亭》……现代戏就不用说了，全部都是移植的。再往前面看，我们的老师也从人家那里拿过《长生殿》。我们拿来不是简单地拿过来，而是用自己的风格进行谱曲，借鉴人家好的东西，然后加上自己的表演，变为永昆的剧目。如果说《牡丹亭》能够这样做，那我们绝对赞同。也不是说没有重视吧，团里的领导也都说了这个问题，但是限于各方面的原因最后还是让按人家的路子走了。

采访人：这些年，永嘉昆剧团做了很多努力，排了不少新戏，您还有什么希望吗？

林媚媚：第一个，我希望永嘉昆剧团能够被领导更加重视一点。前几年我们到湖南郴州开全国昆剧会，看到郴州的情况后我们觉得很羡慕，同时也觉得很受刺激。湘昆在当地很受重视，硬件上面，他们有剧场，有像花园一样的团部。开起全国昆剧会议时，市长主持大会，市委书记来发言，他们说郴州把湖南昆剧团当作他们的文化龙头、文化品牌，一定要打出去，把海内外的注意力引进来。我们转过头去，看到了后面坐了50多位小年轻，穿着戏校的校服，很可爱。我们看了又叹气又羡慕。湘昆跟我们一样，也是昆剧的地方流派，他们在20世纪50年代也是县级剧团，后来变成市级剧团，现在是省级了。两个差不多的剧团，一样的起步，现在我们和他们有天壤之别。我们这些年在发展，可是我们发展的步子和人家一比，还是落后了。希望领导再重视一点。第二个，希望我的学生能尽快继承永昆的艺术。人才培养的方面，我们有很强的危机感，到底怎么解决，我们这些老人们心有余而力不足，觉得使不上劲。我只能尽自己的一点力量，保持永昆自己的风格。我要求杜晓伟在《荆钗记·参相》中用原本的永昆的演法，还有《荆钗记·打斋》，我也是用原汁原味的演法教给她。应该说，现在永嘉文化局已经非常重视学生的培养，如果学生自己再重视一点就更好了。

第四章 周边访谈

一、戏训班班主任周永康访谈：林媚媚是个很难得的学生

采访人：周老师好，您是林媚媚老师的老师，是比较了解她的，请您给我们聊聊林老师在戏曲训练班里的事。

周永康：20 世纪 50 年代，当时省里有一批经费落到温州用于抢救地方戏，所以温州文化局就考虑办戏校，招一批年轻的演员。我那时候是永嘉昆剧团政治指导员，加上我是音乐老师出身的，在中学里头又搞过政教工作的，所以我就调去戏曲训练班。管理学校我是很内行的，我把这批学生管理得很好，这批学生也都很听话，很乖。我当

林媚媚与周永康老师夫妇

时当班主任，学生分配到剧团时我有主动权，同时我也是永昆的领导，所以我全力把这些最优秀的学生输送给永昆。当时有几个女小生，我把其中最好的分给永昆了。

采访人：为什么当时你们要培养女昆剧小生？

周永康：不是特地培养，而是根据条件培养，当时男小生也有。林媚媚是永昆第一个女小生。小生演员个子要高，扮相要好，嗓子要好，林媚媚有天赋，聪明好学，扮相好、嗓子好、基本功扎实，是个天生的小生演员。她第一个戏是《长生殿》里的《小宴》，教《小宴》的教师杨永棠是最优秀的小生。当时我看了戏，觉得她当时演唐明皇演得是真好啊，穿上古装，扮相也好。我们有一个男学员扮相也很好，但是嗓子差一点。他们学了三个月后就到楠溪江革命老区春节慰问演出，我负责带队。当时二十多个人一个队，从温州出发，温州到上塘有轮船，到上塘以后，改由农民来接了，服装道具都是由农民挑过去的，吃住都在农民家。一去来回，春节慰问搞了将近半个月。我们演出反响也很好，以前大家看过的都是老演员，这么年轻的昆剧演员到永嘉还是第一次呢，所以当时也是很受欢迎。我们的戏训班办了六个月，结业时在人民大会堂演出。温州市宣传部部长、文化局局长，还有好多领导，都来看我们戏训班演出，不得了，《温州日报》都登了这个消息。那时候学习的时间太短，六个月就分配到剧团里去了。

采访人：周老师，当时您是林媚媚老师的班主任，您对她有什么印象呢？

周永康：我对她的印象很好，她学习很认真，基本功很扎实，很有礼貌，同学之间关系也很好。后来她进永嘉昆剧团，跟杨永棠老师学习。她在永嘉昆剧团待了十来年，学了十几本传统戏。她的爱人是空军飞行员，成家以后离开温州，随军到北京的空军部队去了。在部队的时候没有消息往来，情况我们也不知道。好在20世纪80年代她回温州了，回来后她就来看我。林媚媚一生惦记昆剧、惦记学昆剧的同学。她到温州来后，昆剧班学员才开始正式搞同学会的。搞同学会这个事情很难的。实际上都是她牵头组织，打电话联系之类的事，很吃力的。我们聚集起来，很高兴。后来的同学会总是她牵头，她不怕吃力，什么都是她联系。戏训班的这些学生都是很难得的，人品好。我二十七岁时给他们当了六个月的班主任，他们到现在一直和我有联系，去年他们还到我家里来看我。特别是林媚媚，她家里我去了好多次，她还请我喝酒，要送茶叶给我。过春节向我问好，重阳节也电话打来给我，祝我和夫人两个人身体健康。没有几个学生会这样跟你勤联系的。“文化大革命”以后进团的学生，就不像她那样了。她平时还参加慈善工作，温州鹿城区佛教协会请她当秘书长，做了很多慈善工作。有些佛教活动场合里，她都请我画一张画送去，妙果寺、太平寺都有我的对联、书画。温州的好多寺庙的住持、当家人都知道我是她的老师，对我的印象也很好。

采访人：能跟我们说说她为恢复永嘉昆剧团所做的一些努力吗？

周永康：20世纪80年代永嘉剧团已经解散了，还有一些人想要永昆继承下去，在温州成立一个昆剧研究会，搞得有点门道了，会长是林媚媚，当时就觉得林媚媚没事干能力又强，给她点事做。后来我们也进一步把这个研究会落实到温州老年大学，但是没有足够场地，后来就停了。再后来永嘉成立了昆剧传习所，把我们几个人都请去了，开始排练《张协状元》。2001年8月，文化部振兴昆剧指导委员会在永嘉开年会，看《张协状元》。文化部领导看完《张协状元》

后，这个戏又到北京演出，不知道得了多少奖啊，什么曹禺戏剧奖、文华奖、中国戏曲学会奖……先后到香港、台湾、苏州演出，反响相当好。2005年浙江省第一批非物质文化遗产名录公布时，永嘉昆剧名列其中。后来林天文、林媚媚都当选为国家级非遗传承人，吕德明也入选省级非遗传承人。其实永昆还有几个很好的演员，比方说原来的团长孙光姆和他的夫人王友圭，这两个人都是水平很高的，林媚媚在昆剧团只有十来年，他们工作的年份比林媚媚更长，他们不知道因为什么放弃了昆剧，怎么请也请不来，多少人去请也不来，可惜。所以这一届戏训班十几个学员里面，就只有以林媚媚为主的三四个人在永嘉昆剧团帮忙了。胡维露这一批十个学生送到上海戏曲学校培训，学完了回到了剧团，演不了永昆的戏，剧团就聘请了林媚媚、吕德明、王冬生几个人再给他们教永昆的演法，现在有些演员在温州市里也得奖了。林媚媚家是在温州，两地往返挺辛苦的，她这样坚持了好多年。到现在昆剧团有事叫她，她还是一叫就去的。可以说林媚媚为了抢救昆剧，培养学生，贡献了自己最大的力量。

采访人：您怎么看今后永嘉昆剧团的发展情况？

周永康：我觉得永嘉昆剧团一定要落在温州市区。我一有机会就要说，温州市宣传部、文化局，你们要抢救永嘉昆剧，剧团放在偏远的上塘，交通不方便，人才去了也难留住。温州瓯剧团、温州越剧团在市区，环境好，人才就留得住。再者，要对永嘉昆剧团好一点，瓯剧团有排练场，有相对固定的剧场，但是昆剧团什么都没有。瓯剧的文化内涵不如永昆啊，昆剧有六百年历史，文化内涵丰厚，我也看了中国京剧院演的《张协状元》，别看他们名气这么大，这个戏呀还不如永昆——我水平不高，这是我个人的看法。我在永嘉时间不长，我还是心系着永嘉和永昆。现在年纪大了，我常想去永嘉看看，但是很不方便。

二、好友王友圭访谈：永昆唯一的女小生，没人比得过她

采访人：您跟我们讲一讲您跟林老师是什么时候认识的，给我们讲讲这个历史吧。

王友圭：我跟媚媚是1957年10月考进戏曲训练班的同学，我们两个人是一起考进来的，当时练功、吃饭都在一起，睡也是睡一个寝室。我们的开蒙戏就是《长生殿》当中的《小宴》和《惊变埋玉》，

林媚媚与王友圭（2019 年）

从那时候起我们两个人就开始搭档的，那个时候我们两个是重点培养的对象。我们在戏曲训练班只待了六个月，六个月以后我们就到剧团里了。到剧团里，我们的担子很重很重。其他的同学也有其他的戏，像《琵琶记》《桂花亭》《赠书记》《火焰山》《玉簪记》……有很多老的戏。

采访人：您给我们讲讲你们排的第一出戏《惊变埋玉》，您跟林老师当时有什么故事，这个过程中有意思的细节您帮我们回忆回忆。

王友圭：《惊变埋玉》是戏曲训练班学的，那个时候大概是排了一个多月吧。老师也很认真的，那个时候教演唐明皇的老师是杨永棠老师，教演杨贵妃的是罗友弟老师。到了剧团，团长就把我分配给陈雪宝老师，但是其他旦行老师像孙彩凤、周云娟等几位老师对我也很有信心，都很好。我们在台上演出有时候表演不到位，她们就给我们提提意见，我这个人很虚心，老师一招一式地教，我很认真地学。那时候我们剧团里除了那三位女老师，其他男老师也很好，他们看见你的缺点或者有不到位的，都会提意见，他们对我们很关心。有一次在台上我演杨永棠老师的女儿，那一次不知道怎么搞的，台后有一个人搞恶作剧逗我笑，我在台上熬不住就笑了，杨老师在台上朝我一看，我就知道自己错了。一下台他说："在台上要认真，不能开玩笑啊。"老师很好，我们老师对我们真的好像是子女一样。

我和媚媚两个搭档得很好，可以说心有灵犀，配合得很好。像《小宴》，这一场戏里的杨贵妃是要被唐明皇灌醉的，我不会喝酒，为了体会醉酒的滋味，有一次我喝了一点酒，喝了以后头有点晕，哎哟，不好受了，我还和媚媚说："怎么老酒是这个味道的啊。"那个时候，老师都要我们注意体验生活。

采访人：您给我们讲讲你们进团后演出的事情。

王友圭：我们进团后就一年到头基本上都在外面演出了。当时在温州的时候，我对团部的印象不深了，好像是在蛟翔巷，剧团一直在外面演出，到了哪里，哪里就是家。我们在永嘉、平阳、乐清，温州的各个县都去演出，我们在平阳演的比较多，平阳地方也比较大，他们也喜爱昆剧。有时候汇报演出到过杭州。

后来剧团到永嘉了，开始的时候也没有场地，人民大会堂就算是我们的团部了。那个时候其实也是很辛苦的，一天到晚都是演出。早上要练功，下午演戏，晚上演戏。我跟媚媚端午节演《白蛇传》，一天演三场，早上、下午、晚上。早上起来化完妆以后就不卸了，下午、晚上妆补一补就好了。我们那时候很辛苦，没有学校，没有教室，我有时候跟着老师转台基的时候学戏，老师教剧本、教台词、教唱腔，就这样学。到了下一个台基，他们装台，我们几个人一起排一排。

采访人：您和林老师是老搭档，你们合作的一些角色，您印象比较深的是哪一些？

王友圭：演过《长生殿》《白蛇传》《琵琶记》《赠书记》，还有《唐伯虎点秋香》，那么多，一下子数不过来。那时候这个戏演得很多。不过，印象最深的还是《长生殿》，因为这是开蒙戏，我们到温州汇报演出、到杭州汇报演出演的都是这个戏。我们两个人不管什么戏都是一起。后来陈欣欣她们到上海昆剧团学《墙头马上》，学过来以后我们也学，我还是跟媚媚一起搭档。

那时候，有几次媚媚身体不好，肠胃不好，但是戏单写出去了还是得上台。在台上，我们两个人手牵着手，我摸到她的手是冰冷的，我真的担心她。下来以后老师们对媚媚也很关心，问她吃了药没有，要好好休息的。媚媚很能吃苦，第二天演出只要能上台，她还是上台的。媚媚结婚了之后，随丈夫到军营生活了，我们就很久都见不到了。她一走我就没有搭档了，觉得心都好像空了。

采访人：您评价林老师是"台柱子"，您觉得她最大的特点是什么?

王友圭：她是永嘉昆剧唯一的女小生，我感觉没有哪一个小生比得过她。她的特点是认真。她的两个老师很好，杨永棠老师和杨银友老师，她自己也认真，有空就练。我们两个人也很有意思，没有演出的时候一起吃个饭，吃到一半想起来了就放下碗来演一演，不知道的人以为我们神经病一样。那个时候工作真的是很拼命，自己也有一点攀登艺术高峰的思想。老师有期望，我们也很认真。大家都是全身心地投入。那个时候我们戏曲训练班大概有二十来个人吧，每个人的条件各有不同，媚媚是唯一的女小生。

媚媚不管古装剧还是现代剧，都演得很好。哪怕现代戏，她演起来也让我们真的佩服，正派、反派都演得很好。《洪湖赤卫队》里她演韩英，一开始排的时候韩英是另外一个演员演，排下来后，老师和领导总觉得不过瘾，就把这个角色换给媚媚。她一上台啊就不得了，这个台柱就站稳了，整个舞台上的气氛就上来了，观众也欢迎。现代戏《星星之火》里她演李英才，这一本戏里她很神气的，穿西装，剃男人头发，看起来和男的一模一样。那时候我们下了台，走在路上，别人看我们都说我们两个像一对夫妻。这些回忆起来都很有意思。古装剧么更不用说了，她确实是台柱。我说的是老实话，不是今天采访谈到她了才夸她。

采访人：林老师从南昌回来后还特意到永嘉看过您，您能不能给我们讲讲这个?

王友圭：大概是 1988 年，我已经调到文化局里来了。我们两个人是心连心的，她回温州来以后到永嘉来找我，那个时候一看到她我也很高兴。我在剧团的时候是从 1957 年到 1977 年，我是 1977 年调出剧团的，先到文化馆，1984 年调到文化局，一直到 1997 年 11 月退休。"文化大革命"结束后，我就打报告要求调出剧团，要求了好长时间领导才同意。我在"文化大革命"中受到过冲击，我不想唱了，要改行。“文化大革命”以后，我觉得同学之间关系好像没有之前那么好了，媚媚假如在永嘉的话，也不得了。

采访人：您退休这么长时间，林老师可能也呼唤过您，之前演出《张协状元》您为什么没有出山呢？

王友圭：之前演《张协状元》的时候，媚媚是我们永昆的，演旦角的叫杨娟，浙江昆剧团过来的。一开始总觉得两个人有一点路子不对。媚媚那时候说假如我在就好了。可是我身体不好，嗓子也不行了。刀不磨不快，嗓子也一样，不练就没有的，现在也没办法唱了。还因为过去的一些其他原因，我也不想搞，反正过去了吧。后来现场演出我也没有去，一来我身体不好；二来时间太久远了，以前永昆的东西也忘掉了，怕他们对我提问题，我答不出来，所以就不去看了。路嘛都一步一步走过来的，现在媚媚在那里搞，我替她高兴。

采访人：您看过现在永昆的戏吗？

王友圭：剧场里看的少，都是电视里看的。永昆的东西他们没有完全学下来，现在剧团他们演的确确实实和我们那时不一样的，还不完全是我们那时的永昆的路子。

采访人：也就是说现在的永嘉昆剧团没有完整继承之前的剧目？

王友圭：现在永嘉昆剧团跟我们那个老的昆剧差别大了。有一次演《折桂记》，我叫一个同学把录像带给我，放出来以后跟我们以前演的永昆《折桂记》是完全两样的。这不能完全怪他们，他们学的还是上海昆曲、苏州昆曲，包括“文革”后期招的青年演员就是刘文华这一代人，她们也没看见很多永昆的东西。他们刚开始的时候演京剧《沙家浜》，以后呢学昆剧《百花公主》，其实是到上海昆剧团学的，太可惜了。时间过得太快，永嘉昆剧团的传承人啊，太缺了。现在的老生，吕德明老师，他有很纯正的永昆的东西。说一句老实话，我也觉得对不起老师，老师那个时候真的辛辛苦苦培养我们，但我现在没什么好传给别人。其实我和媚媚两个人，那个时候在观众心目当中还是比较重要的，老师对我们的期望也是很高的。现在的学生都没有看见以前永昆的东西，看也没有看见过怎么学呢？我们那个时候是天天在那个老师旁边的。现在离上一批学员进团也已经有十多年了，需要重新办一届戏曲训练班，不过师资也

有个问题，没有永昆的老师。

采访人：那最后您总体评价一下林老师。

王友圭：媚媚是我们永嘉唯一的女小生，她就是好，是一根台柱，演什么都像。她其实很辛苦的，年轻时她爸爸去世，她都在舞台上，没有时间回家。她现在就是一心一意地想把昆剧恢复起来。她比我大一岁，今年也是七十八了，还要辛辛苦苦在温州、永嘉之间这样跑来跑去。我很心疼她，我说："你感觉到永嘉昆剧能恢复到什么样子？"——我确确实实是很老实地说话的——她说"能传多少传多少吧"。

三、永嘉昆剧团团长徐显眺访谈：为了剧团的发展，她从来不计较

采访人：徐团长您好，您现在作为永昆的掌门人，请您聊聊永昆剧团的发展现况。

徐显眺：从巨轮昆剧团开始算的话，现在的八个昆剧团里，我们是最早成立的。风风雨雨走过来几十年，其实也很坎坷，从成立

到“文化大革命”中被解散，然后到了1973年恢复再到1984年又解散，直到1999年成立了永嘉昆曲传习所，2005年恢复永嘉昆剧团，一直到现在，三落三起，能走到今天真的很不容易。现在在我们政府的支持和关怀下，这几年应该说还是走得蛮好的，比方说我们之前没有团部，但去年政府在文化大楼拨出了三千平方米给我们当团部。作为小剧团，政府给我们这个地方，应该说对我们也是很支持了。但是在温州，我们跟几个兄弟剧团比，应该说弱一点。在昆剧界里比起来更弱，不去和上昆、浙昆或者苏昆比，像刚刚成立的昆山昆剧团，它的团部有两万多平方米，我们才三千平方米。还有在人才方面，我们现在演员跟乐队加起来只有三十几号人，像浙昆、上昆都有一百五六十号人，北昆有两百多号人，人少了要排大戏就很难。总体来说，上级的领导还是支持我们的，我们也在努力当中，困难总会解决的。整个形势还是往好的方面在发展。

采访人：再请您谈一谈，林媚媚老师跟咱们剧团这些年来的合作。

徐显眺：林媚媚老师是很优秀的老艺术家，也是她们这代的代表性人物之一，还得过文华奖，非常难得。她的唱腔也好，她的表演也好，都是永昆风格，是永昆老艺术家的代表。《张协状元》第一次参加全国昆剧节的时候，我们邀请林老师来演张协，那时候她已经是六十岁了。她演的《张协状元》轰动了整个昆剧界甚至戏曲界，《张协状元》也成了我们永昆新时期的代表作，成为剧团保留剧目。我们虽然没有签返聘合同，但是我们请她帮忙的时候，她都是很积极地配合、支持我们的工作。林老师是国家级非物质文化遗产代表性传承人，除了带学生，还很注重自己艺术经验的整理，2018年她也总结了自己的一些演出经验，她的台步也好，她的表演也好，她继承下来的好多我们独特的表演手法，都想办法要整理出来。前段时间她跟我说她总结了永昆的东西，要出一本书，总结自己这几十年来演出的经验，把它记录下来以后传下去。

采访人：这样听来，林老师这些年帮你们团做了不少工作。

徐显眺：自从请她来演了《张协状元》以后，我们大大小小的事情基本上都要请她过来，她自己参与演出也好，带学生也好，我们几乎每年都要请她过来。遇到一些重大的，代表我们永昆形象的演出，像2019年上海昆剧团为庆祝建团四十周年，邀请全国八大昆团共聚沪上演出，我们也是请她出山。但是因为她年龄也大了，所以我们主要是请她过来教学。每年她都会到我们团里来教学，很长时间，花费很多心血。她为团里做这么多事，有时我们给她一些劳务费，更多时候是没有的。她从来不计较，只要请她，她就愿意把自己身上的东西都传下来的。她从来没有向我提过钱。她很关心我们，为了我们剧团的发展，她从来不计较，我很感激她。

采访人：**2019年永嘉昆剧团来参加上海昆剧团建团四十周年会演，演的是《见娘》，能聊聊黄宗生和吕德明老师吗？**

徐显眺：这次上昆聚齐了全国八个昆剧院团，每个团要出最拿手的戏过来展演，这次送来的《见娘》是我们永昆最有代表性的一个折子戏。吕德明老师在《见娘》里演李舅，他是省级非遗代表性传承人，这几年他跟林老师一样，为我们永嘉昆剧团付出了很多心血。他和林老师是戏校的同学，一起进永嘉昆剧团，一路一起演过来的。他是第一版《张协状元》的演员，也是目前老先生当中最具代表性的人物之一，这次我把他和林老师一起请过来。黄宗生老师是温州瓯剧团的。瓯剧有六种声腔，里面有昆腔。他是瓯剧世家，听说他小时候也演过昆腔戏，对我们永昆也很了解，看了很多当年永昆的戏，甚至那些老先生们的演出也见过很多。他们三位年龄差不多，也一起搭过戏，所以这次我把他请来，他的演技其实也很好，你看了以后会震撼的。他们三个人表演的《见娘》是我们永昆现在的最高水平。

采访人：**这三位老先生出演的《见娘》是永昆最原汁原味的一出戏了。**

徐显眺：当然。这次我们七个剧团同台演出。我们拿出最有代表性的戏来演，展现我们永昆的形象。

采访人：**林老师接受采访的时候说过，永嘉昆剧团跟上海昆剧团关系很好。**

徐显眺：我们永昆跟上昆的关系一直以来都很好。20世纪80年代，上昆就有几位老师支援永昆，来帮助演出，还一起下乡演出。到我当团长的时候呢，因为整个大环境的变化，各个剧团联系更多了，特别是上昆的谷好好团长，她有大昆剧的概念。我们需要帮助的时

林媚媚与学生金海雷（右）、杜晓伟（中）

候，她总是无私地来支持我们。不管是用人也好，或者其他方面也好，只要我们开口，上昆都没有二话，这点我真的很感谢他们。我当团长以来的这几年，感觉全国昆剧团之间的关系都还不错的，比起其他剧种，昆剧抱团的氛围很好。有什么事情，只要一招呼的话，大家都会相互帮忙。每个团对我们永昆都很好，这个我真的很感谢，昨天我在跟其他团长们聊的时候，我还说真的很感谢他们。

四、学生杜晓伟、金海雷访谈：老师注重细节、严格要求

采访人：你们是在什么场合下认识林老师的？那是什么时候？

金海雷：之前我是在越剧团的，昆剧团演《张协状元》的时候我见过林老师，正式跟老师接触是 2006 年考到昆剧团的时候才慢慢熟悉林老师。

杜晓伟：2006 年，昆剧团向全国招聘演员，我来应聘。那时候很巧，我跟着录像学的就是林老师的《见娘》，正在学唱腔的时候，那天刚好林老师过来，然后当时负责招聘的黄光利老师就为我引荐了林老师，我就表演了一小部分《见娘》让林老师看一下，这是我第一

次和林老师近距离接触。

采访人：您当时对林老师的印象是什么样的？

金海雷：挺稳重的老师，台上很大气。老师演的《张协状元》给我们的印象挺深。之前永嘉昆曲一直都没有动静的，永昆一批老艺术家就排了《张协状元》，然后政府开始扶持，那个时候就觉得林老师这些老艺术家们很不容易的。

采访人：当时他们的舞台形象给你们的感觉是怎么样的？

杜晓伟：在台上给我的感觉就是非常潇洒、大气，而且特别稳重，稳得住台。

金海雷：对。很大气，压台。

采访人：那林老师教你们的第一个戏是什么？

金海雷：正式教我的第一个戏是2015年"文化部名师学艺"工程学的《张协状元》中的《游街》。

杜晓伟：我是第五届中国昆剧节的《赠书记》，林老师是我的指导老师。

采访人：林老师给你们的启蒙戏还都不一样啊。林老师在教戏

的时候对你们严格吗？

杜晓伟：肯定严格啊。

采访人：能说一说林老师是怎么样要求你们的吗？

金海雷：老师对戏里的细节都是很注重的，也是很严格的，哪怕一点点小动作，一个表情做不到位，老师都会重复地来跟我们说，要做到她满意的程度才行。

杜晓伟：但是她又会鼓励我们，甚至是非常非常鼓励我们吧，我们反反复复地做，她也不生气。

金海雷：作为学生来说，有时候达不到老师的要求，有时候就会一根筋，一下子做不出来，甚至还影响到了日常的生活情绪。遇到瓶颈的时候老师就会来开导一下。

杜晓伟：不断鼓励我们。

采访人：你们原来是越剧演员，在转变过程中，老师有给你们做一些什么调整或说提一些什么要求吗？

金海雷：从越剧到昆剧，对个人来说，在表演程式上可能相对来说好一些，那嘴里的东西是差别很大的。比如像这次我们正在学的《当巾》排练录音一样，永昆的念法和越剧的念法完全是两回事。我们永昆的官话不太一样，不好念，老师一个字一个字地跟我们说，我们把老师念的音给录下来，下课后带回去听。

1975 年，林媚媚全家合影

采访人：在日常生活当中你们对林老师是一个怎么样的印象呢？

金海雷：老师是慈母型的一个人，很和蔼，很容易亲近，没有架子。

采访人：学戏的过程是老师到团里来，还是你们去她家？

杜晓伟：有时去她家里。

林媚媚与女儿郑燕（2018 年）

金海雷：大多还是在团里。

杜晓伟：因为团里有场地嘛。

金海雷：有时候要配乐，团里有乐队，比较方便。我觉得老师很不容易，老师做的事情让我们很感动。有一次我的《当巾》要去绍兴参加一个非遗的展演，这个戏是 2016 年排的，但是我们演得很少，停演时间一长，要再上舞台的时候，我都会想请老师再指点一下。之前好几年里，老师都是住在上塘的，我们去找她，请她给我们指点一下都是很方便的。后来事情少了，她就回温州家里住了。那天她是冒着大雨从温州坐着公交车来帮我，真的来帮我，那一天我真的是很感谢老师，真的不容易，有点感动到了，年纪这么大了，真的很辛苦。

五、女儿郑燕访谈：她有我完全不了解的一面

采访人：你是兄妹三人中唯一在她身边长大的。小时候您知道她做过昆曲演员吗?

郑燕：我是在江西南昌出生的，从小跟随父亲、母亲在江西南昌的部队大院里生活的，一直要到初二才回到温州的，不像两个哥哥，

他们小的时候被送回温州和爷爷奶奶生活在一起。

她当过昆曲演员，我是从小就知道的，小时候她就跟我们聊过，还说因为嫁给我父亲没有办法留在温州，所以只好放弃了。在北京的时候她有机会去总政歌舞团之类的地方，她也放弃了，很遗憾。我妈妈是很传统的人，嫁了先生就跟着先生走。后来她随着我父亲从北京又到江西南昌，在江西南昌生下了我，然后就在那边生活，一直到我父亲回温州，就这样的一个过程。这个过程中，她就完全跟永嘉昆曲脱离了。在江西南昌的时候我还不知道她是昆曲演员，只是知道她非常喜欢戏曲。为什么有这样的印象呢？因为我是在她身边长大的孩子，有时候看到她会练功。有时候，她也会抓着我一起翻个软腰或者拉个筋，我当时也觉得好玩。南昌有一些越剧演员知道她的过往，缺人的时候就会叫她去串演小生。我有跟着去看过的，在后台看她化妆。

回到温州后，她是在其他行业工作的，真正接触昆曲是在她退休后。有一年刚好我从香港回来，说是《张协状元》在温州东南剧院演出，她问我要不要去看看。本来我是很平常的心态去看的。到了剧

2007 年春节，林媚媚全家合影

场，看到我妈一出场的那个台风，就完全不像一个老太太。看完了之后，我说："妈你怎么到现在还有那么好的功底，那么大的年纪，怎么舞台上会那么好看。"刚开始我知道她去做这些事情的时候，我和两个哥哥本来都只是以为一个退休老太太搞点娱乐，花点时间打发打发日子而已。

采访人：这个时候才发现她还有您不了解的一面。

郑燕：小时候我妈妈给我的印象，是一个很会生活的人，我家里从来都是干干净净，很整洁的。我家住在军区大院，家里的摆设也好，我身上穿的衣服也好，全部是那个军区大院里的流行风向标。像我的衣服，如果是我妈妈亲手做的话，其他的小孩子看到了都会去跟他们的妈妈说，她们也要这样款式的。多年来，我只注意到她是我母亲的身份。我没有看过她唱《张协状元》之前，很少想过她戏曲方面的事，看了她这部戏，我感觉可能昆曲真的是深埋到她骨子里，所以恢复恢复之后拿出来，就可以那么好。

采访人：她有在家里练过功吗？

郑燕：很少。也有可能我们小的时候一天到晚在外面玩，她在家练功，我没看到吧。她是坚持运动的，那时还会跑步啊，有时候也会在阳台上压腿、拉筋。但是六十多岁的年纪上台还可以这么好，这个还真的是让我有点惊讶的。

采访人：这次来上海看演出，是您主动提出来的，还是母亲提出来的？

郑燕：我主动提出来的。这几天刚好我从香港回温州来探亲，那就干脆跟她一起过来看看吧。妈妈年龄在那里，看一次就少一次了。

这几年我每次回温州，总会看到她趴在桌子上写东西，这让我很奇怪。因为从小到大我也没看过她写过东西，我说你怎么会写这种东西，这应该是专门搞研究的人才做的。她说她要把自己心里的东西写下来，她说她的老师是口传心授把他们教出来的，如果她再不写下来的话就会失传了。所以她就坚持把自己知道的一些东西一点点写出来，这个也是让我很佩服的。这样的年龄她还要坚持一点点整理出来，再去写出来，再去教学生。现在很多"非遗"遇到的一些问题都是一样的，传承很困难。她想教，也要遇到一些适合的人，适合的机遇。她说这些她是不能掌控的，唯一她可以做的就是，怎么样去把自己心里的东西用笔记录下来。现在回头看的话，她还没嫁人前的情况我不清楚，作为一个母亲，她是一个很传统、很称职的母亲。但是她自己心里有一颗事业的火种，没有机会发挥，有了一个机会，她就要把她所有的能力都发挥出来。现在我跟她聊得最多的就是传承的事，她尽可能要把记忆当中可以记录下来的东西记下来，或者如果可以拍录像也好，不管通过什么方法，把它留下来。

采访人：前几年，您父亲对林老师在做的事是什么态度？

郑燕：很早以前我父亲就以母亲为骄傲的。我还很小的时候，有一个很大的照相馆把我们母亲的写真照放在玻璃橱窗里，就像广告一样。后来我爸爸去了三次，最后把照片拿回来了。但我们知道，他看到自己的太太的照片放在外面，心里是很得意的。退休以后，刚开始他的态度也跟我们儿女们一样，谈不上反对也谈不上支持，只是觉得退休了，她可以做一点自己喜欢的事情，打发一下时间也好。一段时间后，我觉得父亲变得对她非常支持。比如说到她要经常去永嘉教学生或出去演出，很多时候不是当天就能回来的，要在那里住好几天，我父亲都是很支持的，都说没关系没关系，去好了。我父亲包括我们子女们，都以我妈妈为骄傲的。

附　录

大事年表

1941 年　出生于温州市区。

1957 年　考入温州专区戏曲学员训练班，主攻小生，师承杨永棠等名师。

1958 年初　进入永嘉昆剧团。

10 月　赴上海汇报演出《长生殿》，在《惊变埋玉》中饰唐明皇，得到俞振飞先生的认可。

1961 年　永嘉昆剧团在温州向文化部首长、专家作汇报演出多出大戏，如《荆钗记》《琵琶记》《白罗衫》《桂花亭》《墙头马上》《拜月亭》《长生殿》《白蛇传》等，在多部剧目中担任主要小生。

1962 年后　先后演出现代戏《洪湖赤卫队》(韩英)、《星星之火》(李英才)、《红霞》(党代表)、《红色娘子军》(洪常青)等剧目。

1970 年　随军调离剧团。

1984 年　从部队回到温州，入温州市电子仪表厂工作。

1987 年　参加了中国艺术研究院为永昆进行的抢救性拍摄，演出《见娘》和《秋江》。

1989 年　于温州市海螺工业集团公司工作。

1995 年　于温州市旧城拆迁改造指挥部工作。

1999 年　参加温州市第七届戏剧节会演，在《琵琶记》中饰蔡伯喈一角，获优秀表演奖。

2000 年　《张协状元》参加首届中国昆剧艺术节会演，荣获 10 项国家级大奖，个人荣获“全国优秀表演奖”。

2001 年 《张协状元》应邀赴台湾地区进行学术交流，台湾学术界在台北召开新闻发布会。

2002 年 文化部安排《张协状元》赴北京长安大戏院、北京大学百年礼堂做学术交流演出，并召开《张协状元》专题座谈会。

2003 年 《张协状元》应邀赴香港地区参加学术交流，香港中文大学陈守仁教授设南戏讲座，邵逸夫先生设宴招待并参加学术交流座谈。

同年 上海戏曲学校十名学员毕业返团，林媚媚应邀担任艺术指导老师，几年内，林媚媚长住永嘉，为学生新排复排数部大戏和 10 多出折子戏，如《张协状元》《杀狗记》《折桂记》《见娘》《秋江》《小宴》《仪亭》《相约》《相骂》《吃饭吃糠》等。

同年 林媚媚担任《杀狗记》艺术总监、副导演，该剧参加第二届中国昆剧艺术节会演，荣获优秀剧目奖。

2006 年 林媚媚担任《折桂记》副导演，该剧参加第三届中国昆剧艺术节会演，荣获优秀剧目奖。

2008 年 被列为第一批浙江省非遗项目（永嘉昆曲）代表性传承人。

2009 年 被列为第三批国家级非遗项目（昆曲）代表性传承人。

2012 年始 林媚媚开始以文字记载“永昆”的表演程式、独特的风格、人物内心等艺术心得。

2015 年 入选文化部“名家传戏——当代昆曲名家收徒传艺”工程名单，将《荆钗记·见娘》《张协状元·游街》传给学生金海雷、杜晓伟。

参考文献

1. 中国戏曲志编辑委员会 . 中国戏曲志 浙江卷［M］. 北京：中国 ISBN 中心， 2000.

2. 吴新雷主编 . 中国昆剧大辞典［M］. 南京：南京大学出版社 , 2002.

3. 沈沉著 . 永嘉昆曲［M］. 杭州：浙江摄影出版社 , 2008.

4. 顾笃璜著 . 昆山传统文化研究·昆曲卷：昆剧漫笔：甲集［M］. 上海：上海人民出版社 , 2009.

5. 沈不沉著 . 洪惟助主编 . 永嘉昆剧史话［M］. 国家出版社 , 2010.

6. 沈不沉著 . 昆坛瓯韵：永嘉昆剧人物评传［M］. 上海：上海古籍出版社 , 2011.

7. 林天文主编 . 永昆曲谱集成［M］. 杭州：浙江古籍出版社 , 2013.

8. 陈华文著 . 非物质文化遗产保护丛书 留住传承人［M］. 杭州：浙江工商大学出版社，2013.

9. 夏志强编著 . 永嘉昆剧［M］. 北京：中国文史出版社 , 2014.

后 记

关于林媚媚老师最早、最深的印象来自2012年夏天在苏州独墅湖一个交通非常不方便的剧场里——永嘉昆剧团在第五届中国昆剧艺术节上选送了一台折子戏，其中林媚媚、黄宗生、吕德明三人的《见娘》成为昆迷们心中的传奇。尽管剧场只有一半的上座率，但三位老先生的敬业毫无水分。精彩绝伦的传统骨子戏中收放合宜的节奏，一桌两椅的舞台，不仅是一场给我们的飨宴，更是对话剧化、卡拉OK式昆剧的一种反思。何为好戏，何为好演员，时隔八年，回想起当时的气氛仍历历在目，从此对永昆、对林媚媚老师念念不忘。

念念不忘，必有回响。2017年，我接到浙江省非物质文化遗产保护中心的委托，担任国家级非遗代表性传承人抢救性记录工作中林媚媚老师访谈的学术专员工作，心情颇为激动。从采访到最后成书，历经三年，总算到付梓之时。我特别感谢林媚媚老师，为了做好采访，我提前半个月到温州，将采访提纲上的问题与她尽数交流，回到杭州后再将提纲又作了修改，与她沟通，反复推敲，这样的精力损耗对一个年近八旬的老人来说是相当大的。此后，我与林媚媚老师建立起了良好的关系，她对永昆艺术的执着和虔诚、对传承的热情和投入，让我对她产生由衷的崇敬之情。完成采访和整理工作，像是让我得到了一次灵魂的洗礼、精神的升华。

在整理文稿过程中，我认为应该将《见娘》《投魏》《当巾》等永昆折子戏记录成身段谱。没想到与林老师反复交流、琢磨，整理完后发现将近三万的文字已经大大超过本书的容量，无奈只能忍痛割爱，等日后有机会另行出版。在我看来，永嘉昆剧的研究也是个薄弱的环节，许多问题还存在着不同的看法，像永嘉昆剧的产生、永嘉昆剧与苏州昆剧的关系、永嘉昆剧的表演特点等，都有待于进一步的研究。希望能有更多人参与到研究、保护永昆的行动中来。

本书在编撰过程中承蒙徐宏图、朱为总、蒋中崎、张宏江、韩钰等诸位师友的指导与帮助，也得到徐显眺、吴加勤两位剧团领导的支持与鼓励，在此由衷表示感谢。

由于水平有限，时间仓促，错误与纰漏难免存在，恳请专家、读者批评指正。

编著者

2020 年 4 月

责任编辑：刘　波　唐念慈
装帧设计：薛　蔚
责任校对：王君美
责任印制：汪立峰

图书在版编目（CIP）数据

浙江省国家级非物质文化遗产代表性传承人口述史丛书. 林媚媚卷 / 郭艺主编 ; 蒋羽乾编著. -- 杭州 : 浙江摄影出版社, 2022.11
ISBN 978-7-5514-4245-9
Ⅰ. ①浙… Ⅱ. ①郭… ②蒋… Ⅲ. ①林媚媚—事迹 Ⅳ. ①K825.7
中国版本图书馆CIP数据核字（2022）第223288号

ZHEJIANGSHENG GUOJIAJI FEIWUZHI WENHUA YICHAN DAIBIAOXING CHUANCHENGREN KOUSHUSHI CONGSHU
浙江省国家级非物质文化遗产代表性传承人口述史丛书
LIN MEIMEI JUAN
林媚媚卷

郭　艺　主编　蒋羽乾　编著

浙江摄影出版社出版发行
地址：杭州市体育场路347号
邮编：310006
网址：www.photo.zjcb.com
制版：浙江新华图文制作有限公司
印刷：浙江兴发印务有限公司
开本：787mm × 1092mm　1/16
印张：8
2022年11月第1版　2022年11月第1次印刷
ISBN 978-7-5514-4245-9
定价：58.00元